사회평론

글 사회평론 과학교육연구소
대학에서 오랫동안 과학을 연구한 전문가들이 모여, 우리 아이들이 쉽고 재미있게 공부할 수 있는 책을 만들고 있습니다.

글 이명화 (사회평론 과학교육연구소 연구원)
서울대학교 물리교육과를 졸업하고 같은 대학교 대학원에서 석사, 박사 학위를 받았습니다. 10여 년간 중학교에서 과학을 가르쳤으며, 미국 아리조나 주립대에서 물리학으로 박사 학위를 받고 독일, 미국, 영국에서 연구원으로 근무하였습니다. 쉽고 재미있는 과학책을 쓰는 일에 관심을 갖고 있으며, 현재 사회평론 과학교육연구소 연구원으로 과학책을 만들고 있습니다.

글 김형진 (사회평론 과학교육연구소 연구원)
연세대학교 천문대기과학과를 졸업하고 같은 대학교 대학원에서 석사, 박사 학위를 받았습니다. 과학자를 꿈꾸는 아이들에게 올바른 과학 개념과 과학적 태도를 함께 키울 수 있는 방법을 전달하기 위해 노력하고 있습니다. 현재 사회평론 과학교육연구소 연구원으로 과학책을 만들고 있습니다.

글 설정민 (사회평론 과학교육연구소 연구원)
서울대학교 생물학과를 졸업하고 같은 대학교 대학원에서 석사 학위를 받은 뒤 박사 과정을 수료하였습니다. 아이에게 과학을 쉽고 재미있게 얘기해 주려 노력하다 보니 어린이를 위한 책을 만드는 일에도 관심을 가지게 되었습니다. 현재 사회평론 과학교육연구소 연구원으로 과학책을 만들고 있습니다.

글 이현진 (사회평론 과학교육연구소 연구원)
상명대학교에서 생물학과를 졸업하고 열린사이버대학교에서 심리학을 공부했습니다. 서울의대유전체의학연구소에서 연구원으로 있었으며, 와이즈만영재교육연구소와 아이스크림미디어에서 다수의 과학콘텐츠를 개발했습니다.

그림 김인하
시각디자인을 전공하고 1999년 월간지에 만화를 연재하며 작품 활동을 시작하였습니다. 《건방진 우리말 달인》, 《똑똑한 어린이 대화법》 등에 그림을 그렸습니다. 이 책을 읽는 어린이들의 밝은 미래를 기원합니다.

그림 뭉선생
2004년 LG 동아 국제만화 공모전에 입상하며 작품 활동을 시작했습니다. 그린 책으로 《조지의 우주를 여는 비밀 열쇠》 시리즈, 《용선생 만화 한국사》 시리즈, 《용선생 처음 한국사》 시리즈, 《용선생 처음 세계사》 시리즈 등이 있습니다.

그림 윤효식
2002년 《소년 챔프》에 〈신검〉으로 데뷔하여 어린이에게 유익한 학습 만화를 그리고 있습니다. 그린 책으로 《마법천자문 사회원정대》 시리즈, 《용선생 만화 한국사》 시리즈, 《용선생 처음 한국사》 시리즈, 《용선생 처음 세계사》 시리즈 등이 있습니다.

감수 강남화
서울대학교 물리교육과를 졸업하고 같은 대학교 대학원에서 석사 학위를 받았습니다. 미국 조지아주립대학교에서 박사 학위를 받았습니다. 미국에서 10년간의 교수 생활 후 현재 한국교원대학교 물리교육과 교수로 재직 중입니다. 2015 개정 교육과정의 고등학교 물리교과서를 함께 저술했으며, 함께 번역한 책으로 《재미있는 물리 여행》, 《드로잉 피직스》가 있습니다.

캐릭터 이우일
홍익대학교에서 시각디자인을 공부한 만화가입니다. 그림책 작가인 아내 선현경, 딸 은서, 고양이 카프카와 함께 그림을 그리고 글을 쓰며 살고 있습니다. 지은 책으로 《우일우화》, 《옥수수빵파랑》, 《좋은 여행》, 《고양이 카프카의 고백》 등이 있고, 그린 책으로 《노빈손》 시리즈, 《용선생의 시끌벅적 한국사》 시리즈, 《교양으로 읽는 용선생 세계사》 시리즈 등이 있습니다.

용선생의 시끌벅적 과학교실

힘

글 사회평론 과학교육연구소 | 그림 김인하·뭉선생·윤효식 | 감수 강남화 | 캐릭터 이우일

달에서는 왜 가벼워질까?

사회평론

프롤로그

여러분, 안녕? 과학반을 맡은 용선생이야. 내 명성은 익히 들어 봤겠지? 역사반과 세계사반을 모두 훌륭하게 성공시키며 방과 후 교실 최고의 인기 교사가 된 그 용선생이란다. 교장 선생님께서 특별히 부탁하셔서 이번에는 과학반을 맡게 되었어. 어찌나 사정을 하시던지 도무지 거절할 수가 없었지 뭐야. 그래서 이 몸이 깜짝 놀랄 수업을 준비했단다.

우리의 수업은 언제나 질문과 함께 출발해. 세상을 둘러보다가 누군가 "저건 왜 그래요?" 하고 질문하면 바로 그 순간 수업이 시작되는 거지. 이제부터 용선생의 시끌벅적 과학교실을 제대로 즐기는 방법을 하나씩 알려 줄게.

첫째, 과학반 친구들과 함께 호기심을 갖고 질문해 봐. 과학을 어렵게만 생각하지 말고, 매 교시마다 아이들이 어떤 호기심을 가지는지 관심을 가져 봐. 과학반 친구들과 함께 '왜 그럴까?', '어떻게 알아낼 수 있을까?' 고민하다 보면 어렵던 과학도 쉽게 느껴질 거야.

둘째, 어려운 내용은 사진과 그림으로 이해해 봐. 어려운 과학 개념과 원리를 한 장의 사진이나 그림을 통해 단숨에 이해할 수도 있어. 그래서 너희를 위해 사진과 그림을 많이 준비했단다. 글을 읽다가 어렵다 싶으면 옆에 있는 사진과 그림을 봐. 잘 이해되지 않던 내용이 틀림없이 술술 이해될 거야.

셋째, 배운 내용을 되새기며 머릿속에 정리해 봐. 왁자지껄한 수업을 마치고 나면 뭘 배웠는지 정리가 안 될 때도 있을 거야. 그럴 때를 대비해 중간중간 핵심 정리를 준비했어. 또 배운 내용을 4컷 만화로 재미있게 요약해 두었지. 게다가 교시가 끝날 때마다 나선애의 정리노트도 마련했단다. 이 정도면 학습 정리는 문제없겠지?

과학은 분야도 다양하고 배울 내용도 아주 많아. 쉽게 이해할 수 있는 부분도 있지만, 여러 번 곰곰이 생각해 봐야 알 수 있는 부분도 있지. 이 책을 여러 번 다시 읽다 보면 구석구석 빠짐없이 모두 이해될 거야.

자, 이제 용선생의 시끌벅적 과학교실을 제대로 즐길 준비가 됐겠지? 그럼 신나는 수업을 시작해 볼까?

차례 | 힘

1교시 | 힘의 정의

힘을 줘도 왜 움직이지 않지?

과학에서 말하는 힘이란? … 12
힘을 어떻게 나타낼까? … 16
힘은 항상 짝이 있어! … 18
줄이 움직이지 않은 까닭은? … 22

나선애의 정리 노트 … 26
과학퀴즈 달인을 찾아라! … 27
용선생의 과학 카페 … 28
 - 노를 저으면 배가 앞으로 가는 까닭은?

교과연계
초 4-1 물체의 무게 | 중 1 여러 가지 힘

3교시 | 수평 잡기

모빌은 어떻게 수평을 이룰까?

수평을 잡는 방법은? … 51
수평이 되는 정확한 위치를 찾아라! … 54
수평 잡기의 원리를 이용해! … 58

나선애의 정리노트 … 64
과학퀴즈 달인을 찾아라! … 65

교과연계
초 4-1 물체의 무게 | 중 1 여러 가지 힘

2교시 | 중력

달에서는 왜 가벼워질까?

지구가 당기는 힘 … 32
지구만 당기는 건 아니야! … 37
우주복은 왜 달에서 더 가벼운 걸까? … 40

나선애의 정리노트 … 44
과학퀴즈 달인을 찾아라! … 45
용선생의 과학 카페 … 46
 - 아이작 뉴턴 이야기

교과연계
초 4-1 물체의 무게 | 초 6-1 지구와 달의 운동 | 중 1 여러 가지 힘

4교시 | 탄성력

장대를 이용해 높이 뛰는 비법은?

장대와 고무줄의 공통점은? … 69
탄성력은 언제 커질까? … 72
탄성력을 이용해 무게를 재는 원리는? … 75

나선애의 정리노트 … 80
과학퀴즈 달인을 찾아라! … 81

교과연계
초 4-1 물체의 무게 | 중 1 여러 가지 힘

6교시 | 부력

잠수부는 물속에서 어떻게 가라앉을까?

물속에서 가벼워지는 까닭은? … 103
왜 어떤 건 뜨고, 어떤 건 가라앉을까? … 106
부력을 크게 하려면? … 109

나선애의 정리노트 … 114
과학퀴즈 달인을 찾아라! … 115
용선생의 과학 카페 … 116
 - 세상에 이런 곳이!

교과연계
초 4-1 물체의 무게 | 중 1 여러 가지 힘

5교시 | 마찰력

컬링 선수들은 왜 솔로 빙판을 문지를까?

책을 밀면 가다가 멈추는 까닭은? … 85
솔로 빙판을 문지르는 까닭은? … 87
마찰력을 이용해! … 91

나선애의 정리노트 … 96
과학퀴즈 달인을 찾아라! … 97
용선생의 과학 카페 … 98
 - 스카이다이버가 온몸을 쫙 펴는 까닭은?

교과연계
초 4-1 물체의 무게 | 중 1 여러 가지 힘 |
중 3 운동과 에너지

가로세로 퀴즈 … 118
교과서 속으로 … 120

찾아보기 … 122
퀴즈 정답 … 123

등장인물

용쓴다 용써!
용선생

- 체력 ★★★
- 지력 ★★★★★
- 감성 ★★★
- 호기심 ★★★★★
- 유머 ★★

열정이 가득한 과학 선생님. 하늘을 향해 거침없이 솟은 머리카락과 삐죽삐죽한 수염이 매력 포인트. 생생한 과학 수업을 하기 위해 물불을 가리지 않는다.

장하다 장해!
장하다

- 체력 ★★★★★
- 지력 ★
- 감성 ★★★★
- 호기심 ★★★★★
- 유머 ★★★★★

'튼튼하게만 자라 다오.'라는 아버지의 소원대로 튼튼하게 자랐다. 성격은 일등, 성적은 비밀이다. 시험을 못 봐도 씩씩하고 엉뚱한 질문으로 수업에 활력을 준다.

오늘도 나선다!
나선애

- 체력 ★★★★
- 지력 ★★★★
- 감성 ★★★
- 호기심 ★★★★★
- 유머 ★★★

과학자를 꿈꾸는 우등생. 공부도 잘하고 아는 게 많아서 모든 일에 앞장서는 타입이다. 겉으로는 차가워 보이지만 내심 따뜻한 면도 가지고 있다. 전혀 티가 안 나서 그렇지.

잘난 척 대장
왕수재

- 체력 ★★★
- 지력 ★★★★
- 감성 ★
- 호기심 ★★★★★
- 유머 ★

세상에서 자기가 제일 잘난 줄 안다. '천재는 외로운 법이고 질투의 대상인 법'이라나. 친구들에게 깐족거리는 데에도 천재적이다. 그래도 수업에는 늘 적극적으로 참여한다.

낭만 가득
허영심

체력 ★★★★★
지력 ★★★
감성 ★★★★★
호기심 ★★★★★
유머 ★★

감성이 풍부해도 너무 풍부하다. 떨어지는 낙엽이나 밤하늘의 별을 보며 눈물짓고, 조그만 벌레와 대화를 나누는 사차원 성격. 하지만 누구보다 정이 많고 낭만적이다.

과학반 귀염둥이
곽두기

체력 ★★★
지력 ★★★★
감성 ★★★★
호기심 ★★★★★
유머 ★★★★

형과 누나들의 귀여움을 독차지하는 과학반 막내. 나이도 가장 어리고 타고난 동안이라 언뜻 보면 유치원생 같다. 훈장 할아버지 덕에 어려운 단어를 줄줄 꿰고 있다.

우리를 찾아봐!

지구
우리가 사는 행성으로, 지구 주변에 있는 물체를 끌어당겨.

모빌
여러 가지 모형을 실에 매달아 수평을 이루도록 만든 물체야.

양팔저울
물체의 무게를 비교하거나 질량을 재는 저울이야.

용수철
강철로 만들어진 나선형으로 된 물체야. 길이가 늘고 주는 탄력이 있어.

컬링 스톤
컬링 경기에서 사용하는 돌로 아주 무거워.

웨이트 벨트
잠수부가 물속에 가라앉을 때 무게를 늘리기 위해 허리에 차는 벨트야.

체육 시간이 끝나자 아이들이 땀을 뻘뻘 흘리며 과학실에 들어왔다.

"수재네 반이랑 줄다리기를 했더니 힘들어 죽겠어요."

"나도 힘들었다고! 줄다리기를 할 때는 몰랐는데 끝나고 나니 팔 아파 죽겠네요!"

"맞아요. 팔에 힘이 다 빠진 거 같아요!"

장하다와 왕수재가 이마의 땀을 닦으며 번갈아 말했다.

 ## 과학에서 말하는 힘이란?

"하하, 그랬구나. 근데 그거 아니? 만약 과학자들이 지금 너희가 한 이야길 듣는다면 이렇게 말할 거야. '그건 힘

이 아니야!'라고 말이지."

"네? 힘이 아니라니요? 그게 무슨 말이에요?"

"사람들은 평소에 힘이란 말을 자주 쓰지. 하지만 우리가 일상생활에서 말하는 힘 중에는 사실 과학에서 말하는 힘이 아닌 것들도 많아."

"정말요? 과학에서 말하는 힘이 뭔데요?"

용선생이 화면에 사진을 띄우며 말했다.

"이건 물체에 힘을 준 결과를 보여 주는 사진이야. 물체에 힘을 주니 물체가 어떻게 변했지?"

"음, 공이 찌그러졌어요!"

"용수철은 늘어나고, 나무판자는 깨졌어요."

"맞아! 그것들 사이에 어떤 공통점이 있는지도 알겠니?"

나선애가 곰곰이 생각하더니 퍼뜩 외쳤다.

"그러고 보니 전부 모양이 변했네요!"

"그렇지! 이처럼 과학에서는 물체의 모양을 변하게 하는 원인을 힘이라고 해. 그런데 물체에 힘을 주면 변할 수 있는 게 또 있어. 모양 말고도 말이지. 이 그림을 봐."

아이들이 그림을 천천히 관찰했다.

"글쎄요. 모양이 변한 것 같지는 않은데요?"

"그렇지? 이때 공은 모양이 아니라 '운동 상태'가 변했다고 하는 거야."

"운동 상태요? 운동은 들어 봤는데 운동 상태는 처음 들어요."

"하하, 운동 상태는 물체의 빠르기나 물체가 움직이는 방향을 뜻해. 멈춰 있던 농구공이 움직이고, 움직이던 야구공이 멈추고, 벽으로 굴러가던 당구공이 튕겨서 방향이 바뀌는 것 모두 힘을 주어 물체의 운동 상태가 변한 거야."

"이야, 이제 보니 우리가 운동을 할 때 공은 운동 상태가 변하는 거네요!"

"하하, 맞아. 때로는 물체의 모양과 운동 상태가 모두 변하기도 하지. 이 그림을 볼래?"

"오호, 공이 찌그러지면서 날아가요!"

"어때? 모양도 변하고 운동 상태도 변하지? 이렇듯 과학에서 말하는 힘이란 물체의 모양이나 운동 상태를 변하게 하는 원인이야. 앞으로 공부하느라 힘들다고 투정 부려도 그런 힘은 물체의 모양이나 운동 상태 중 아무것도 변하게 하지 않으니 선생님은 봐주지 않겠어!"

"윽, 이럴 수가!"

 핵심정리

과학에서 말하는 힘은 물체의 모양이나 운동 상태를 변하게 하는 원인이야.

힘을 어떻게 나타낼까?

힘을 표현할 때 필요한 세 가지는?

용선생이 웃으며 말을 이었다.

"과학에서 말하는 힘을 정확히 표현하려면 꼭 밝혀 줘야 할 게 세 가지 있어."

"뭔데요?"

"첫 번째는 힘의 크기야."

"힘을 얼마나 세게 주는지 말이에요?"

"그렇지. 공을 발로 약하게 차면 공이 조금 찌그러지고 조금 나가지만, 공을 세게 차면 공이 많이 찌그러지고 멀리 나가잖아? 이렇듯 힘의 크기가 클수록 물체의 모양이나 운동 상태가 많이 변하지."

"당연하죠! 그래서 축구 할 땐 발 힘이 중요하다고요!"

"하하, 한 가지 더! 보통 힘의 크기는 N(뉴턴)이라는 단위를 사용하여 나타내. 1N, 2N, 3N처럼 말이야."

말을 마친 용선생이 허영심을 불렀다.

"영심아, 거기 있는 공 좀 나한테 밀어 줄래?"

허영심이 공을 발로 밀자 공이 용선생을 살짝 비껴갔다.

"앗, 죄송해요. 거기로 보내려던 게 아닌데……."

"괜찮아, 잘했어! 다들 봤지? 방향이 얼마나 중요한지 말

 용선생의 과학 현미경

힘의 단위인 뉴턴은 영국의 과학자 아이작 뉴턴(1643년~1727년)의 이름에서 따왔어. 아이작 뉴턴은 힘과 운동의 관계를 밝힌 사람이지.

이야. 힘에서 중요한 두 번째는 바로 힘의 방향이야."

"엉뚱한 방향으로 힘을 주면 힘을 아무리 세게 줘도 소용이 없죠! 방향을 잘 맞추라고, 허영심!"

"어휴, 장하다 진짜!"

"하하, 아직 끝이 아니야. 힘에서 중요한 세 번째는 바로 힘을 주는 지점이야. 예를 들어 커다란 책장을 민다고 해 보자. 가운데 부분을 밀면 책장이 앞으로 움직이는데, 가장자리를 밀면 책장이 제자리에서 돌아. 혹시 경험해 봤니?"

"네, 맞아요! 그럴 때 있어요!"

"이때 책장을 미는 지점을 힘의 작용점이라고 해. 말 그대로 힘이 작용하는 지점이란 뜻이지. 힘의 작용점이 어디냐에 따라 물체의 움직임이 달라진단다."

"오호, 그렇군요."

"힘의 효과는 이렇게 힘의 크기, 힘의 방향, 힘의 작용점에 따라 달라져. 그래서 이 세 가지를 '힘의 3요소'라고 하지. 힘을 표시할 때 화살표를 사용하면 힘의 3요소를 쉽게 나타낼 수 있어."

"화살표요?"

"화살표의 길이는 힘의 크기, 화살표의 방향은 힘의 방

 나선애의 과학 사전

작용 어떤 물체에 힘을 주어 물체가 힘을 받는 것을 물체에 힘이 작용한다고 해.

향, 화살표가 시작되는 부분은 힘의 작용점을 나타내."

"그럼 화살표가 길수록 힘이 큰 건가요?"

"그렇지!"

▲ 힘의 3요소

 **핵심정리**

힘을 표시할 때 힘의 3요소인 힘의 크기, 힘의 방향, 힘의 작용점을 화살표로 나타내. 힘의 크기는 단위로 N(뉴턴)을 사용해.

 ## 힘은 항상 짝이 있어!

"이제 힘이 뭔지 알았으니 힘에 관한 재밌는 실험을 하나 해 볼까?"

"오, 신난다! 무슨 실험인데요?"

그러자 용선생이 과학 준비실에서 스케이트보드와 농구공을 가져왔다.

"실험에 참여할 사람?"

"저요!"

곽두기가 제일 먼저 앞으로 나섰다.

"두기야, 스케이트보드에 올라타서 이 농구공을 앞으로 던져 보렴. 우리는 두기가 공을 던졌을 때 어떤 일이 일어나는지 관찰해 보자."

"네!"

곽두기가 스케이트보드 위에 올라타 힘껏 공을 던졌다.

"앗! 공은 앞으로 날아가고, 두기는 뒤로 밀려나요!"

"두기는 왜 뒤로 가는 거지?"

"아주 잘 관찰했어! 정지해 있던 두기가 뒤로 밀려난 건

두기가 뒤로 밀어 주는 힘을 받았기 때문이야."

"누가 힘을 준 거예요?"

"바로 농구공이지!"

"네? 농구공이 힘을 준다고요?"

"그렇단다."

"이 조그만 농구공이 나를 밀었다니……. 선생님, 그럼 저랑 농구공이랑 힘을 주고받은 거네요?"

"그렇지! 이렇게 힘이 작용할 때에는 항상 두 물체가 동시에 힘을 주고받아. 이런 걸 힘의 '상호 작용'이라고 해. 어떤 물체도 일방적으로 힘을 주기만 하거나 받기만 할 수는 없어. 항상 같이 주고받는 거지."

"오호, 신기하네요!"

"게다가 두 물체가 힘을 주고받을 때 이 두 힘의 크기는 항상 같아! 그러니까 두기가 공을 던질 때 준 힘의 크기만큼 공도 두기에게 힘을 준 거야."

"힘을 준 만큼 받는다는 거군요?"

"맞아. 또 하나! 이 두 힘은 항상 방향이 반대란다."

그러자 나선애가 고개를 끄덕이며 말했다.

"그건 이해가 돼요. 두기가 공을 앞으로 던졌을 때 두기는 뒤로 밀려났으니까요."

곽두기의 낱말 사전

상호 서로 상(相) 서로 호(互). 상대가 되는 이쪽과 저쪽 모두를 말해.

용선생의 과학 현미경

두 물체 사이에 서로 주고받는 힘을 작용과 반작용이라고 해. 힘의 상호 작용에 대한 법칙을 '작용 반작용 법칙'이라고 하지.

"그렇지. 이처럼 우리 주위에는 힘의 상호 작용을 이용하는 예가 많아. 수영 선수들이 경기에서 출발하거나 턴을 할 때 수영장 벽을 발로 세게 미는 것도 이걸 이용한 거지. 선수가 벽을 밀면 벽도 선수를 반대 방향으로 밀거든."

"벽이 선수를 민다고 생각해 본 적은 없는데, 정말 신기하네요!"

"달리기 시합에서도 마찬가지야. 출발할 때 바닥을 뒤로 세게 밀면 바닥으로부터 앞으로 밀어 주는 힘을 받기 때문에 빨리 뛰어나갈 수 있지."

▲ 힘의 상호 작용을 이용하는 예

 **핵심정리**

힘은 항상 두 물체 사이에 작용해. 한 물체가 다른 물체에 힘을 주면 힘을 받은 물체도 힘을 준 물체에 동시에 힘을 줘. 이때 두 힘은 크기가 같고 방향은 반대야.

 ## 줄이 움직이지 않은 까닭은?

"그런데 아까 줄다리기에서는 어느 반이 이겼니?"

용선생의 물음에 장하다와 왕수재가 동시에 외쳤다.

"비겼어요!"

"비겼구나! 그렇다면 두 반 모두 힘을 줬는데도 줄이 가운데에서 꼼짝도 안 했겠네?"

"네! 엄청나게 힘을 줬는데 꼼짝도 안 했어요."

"하하, 그래. 줄다리기에서 비길 때 줄이 움직이지 않는 것도 힘으로 설명할 수 있어."

"정말요? 어떻게요?"

"잘 들어 봐. 줄다리기할 때와 무거운 물체를 여러 명이 함께 옮길 때는 한 가지 공통점이 있어. 여러 힘이 동시에 작용한다는 거지."

아이들이 고개를 끄덕였다.

"물체에 여러 힘이 동시에 작용할 때, 이 힘들이 합쳐진 것과 같은 작용을 하는 하나의 힘을 합력이라고 해."

"힘을 합쳤다고 해서 합력인가요?"

용선생이 "맞아." 하며 과학실 책상을 가리켰다.

"두기와 하다가 동시에 책상을 민다고 생각해 보자. 둘

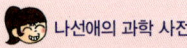

나선애의 과학 사전

합력 합할 합(合) 힘 력(力). 여러 힘을 합한 힘이란 뜻이야.

이 같은 방향으로 책상을 밀면 어떻게 될까?"

"당연히 책상이 아주 쉽게 움직이겠죠!"

"그래. 두 힘이 같은 방향으로 작용할 때 합력의 크기는 두 힘의 크기를 더한 것과 같아. 그래서 하다 혼자서 밀 때는 두기 몫까지 더 세게 밀어야 똑같이 책상이 움직이지."

"그럼 힘이 같은 방향일 땐 합력이 커지겠네요?"

"그렇지! 예를 들어, 같은 방향으로 책상을 10N과 5N의 힘으로 밀면, 책상은 15N의 힘으로 민 것과 똑같이 움직여."

▲ 같은 방향으로 두 힘이 작용할 때

용선생이 말을 이었다.

"만약 둘이 서로 반대 방향으로 책상을 잡아당기면 어떻게 될까?"

"하다가 좀 더 힘이 세니까 하다 쪽으로 끌려가지 않을까요?"

"그렇지. 그리고 이때에는 하다가 혼자 살살 잡아당긴 것과 같이 책상이 천천히 움직일 거야. 두 힘이 서로 반대 방향으로 작용하면 합력의 크기는 큰 힘에서 작은 힘을 뺀 것과 같거든. 만약 책상에 10N과 5N의 힘이 반대 방향으로 작용하면 책상에는 5N의 힘이 작용한 것과 같지. 책상은 힘이 더 크게 작용하는 방향으로 움직일 테고."

▲ 반대 방향으로 두 힘이 작용할 때

"잠깐만요! 두 힘의 크기가 같으면 어떻게 되는 거예요? 같은 크기의 힘을 빼면 합력이 0이 되잖아요."

"맞아! 크기가 같은 두 힘이 서로 반대 방향으로 작용하면 합력의 크기가 0이 돼. 그럼 책상은 마치 아무 일도 없는 것처럼 움직이지 않아. 이렇게 물체에 작용하는 합력이 0이 될 때, 물체가 '힘의 평형'을 이룬다고 해."

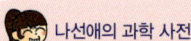

나선애의 과학 사전

평형 평평할 평(平) 저울대 형(衡). 물체가 한쪽으로 기울어지지 않고 안정해 있음을 말해.

"힘의 평형은 힘이 한쪽으로 기울지 않는다는 거군요!"

"그렇지! 아까 줄다리기에서 비긴 것도 수재네 반과 하다네 반이 줄을 당긴 힘의 크기가 같아서 합력이 0이 되었기 때문이야."

"오호, 합력이 0이어서 줄이 움직이지 않았군요!"

 두 힘이 평형을 이룰 때

용선생이 고개를 끄덕이는데, 장하다가 말했다.

"선생님, 아무래도 전 힘의 평형을 다시 실험해 봐야 할 것 같아요. 누구, 나랑 줄다리기 할 사람 없어?"

"하하, 그래. 오늘 수업은 여기까지!"

> **핵심정리**
> 두 힘이 같은 방향으로 작용하면 합력의 크기는 두 힘의 크기를 더한 것과 같고, 반대 방향으로 작용하면 큰 힘에서 작은 힘을 뺀 것과 같아.

나선애의 정리노트

1. 힘
① 물체의 모양이나 운동 상태(ⓐ ____ , 운동 방향)를 변화시키는 원인
② 힘의 3요소: 힘의 크기, 힘의 ⓑ ____ , 힘의 작용점
③ 힘의 단위: ⓒ ____ (뉴턴)
④ 항상 두 물체 사이에 작용함.
⑤ 한 물체가 다른 물체에 힘을 주면 힘을 받은 물체도 힘을 준 물체에 크기가 같고 방향이 반대인 힘을 줌.

2. 합력
① 한 물체에 여러 힘이 동시에 작용할 때, 이 힘들이 합쳐진 것과 같은 작용을 하는 하나의 힘
② 두 힘이 같은 방향일 때 합력의 크기: 두 힘의 크기를 더한 값

10 N → / 10 N → = 20 N →

③ 두 힘이 반대 방향일 때 합력의 크기: 큰 힘에서 작은 힘을 뺀 값

← 10 N / 8 N → = ← 2 N

④ 힘의 평형: 크기가 같은 두 힘이 반대 방향으로 작용하여 합력이 ⓓ ____ 이 될 때

← 10 N / 10 N → = 0 N

ⓐ 빠르기 ⓑ 방향 ⓒ N ⓓ 0

 # 과학퀴즈 달인을 찾아라!

●정답은 123쪽에

01

친구들이 이번 시간에 배운 내용에 대해 이야기하고 있어. 옳으면 O, 옳지 않으면 X를 표시해 줘.

① 힘을 주면 물체의 모양이나 운동 상태가 변해. (   )

② 힘을 표시할 때는 힘의 크기, 힘의 방향, 힘의 작용점을 나타내야 해. (   )

③ 힘의 단위로 kg을 사용해. (   )

02

친구들이 떡볶이를 걸고 사다리 타기를 하고 있어. 합력의 방향과 관계없이 합력의 크기가 제일 큰 경우를 따라 내려가며 떡볶이의 주인을 알아맞혀 봐.

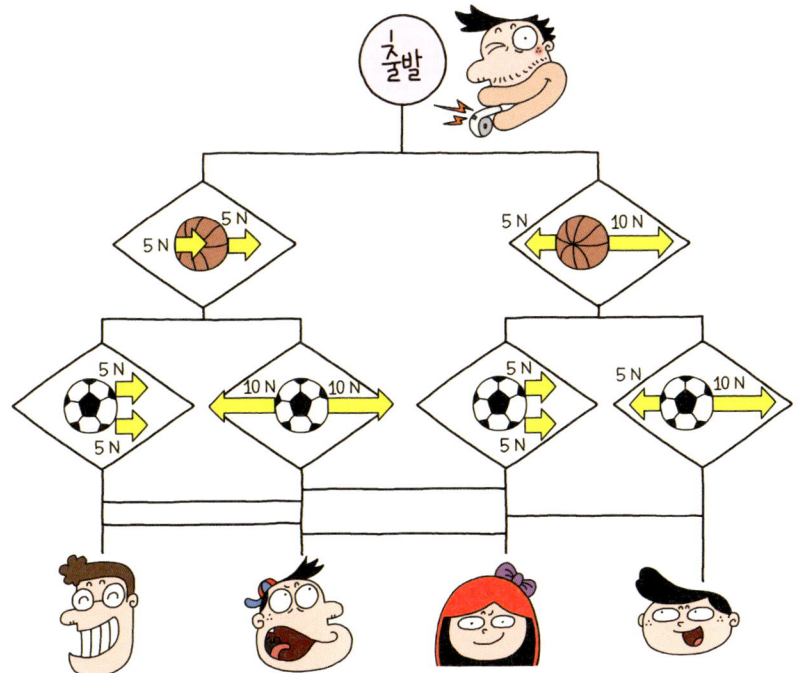

| |  용선생의 과학 카페 | 용선생의 한국사 카페 | 용선생의 세계사 카페 |

https://cafe.naver.com/yongyong

용선생의 과학 카페

과학계의 핵인싸,
용선생의 과학 카페에
오신 걸 환영합니다.

[Log in]

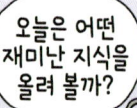

MENU

물리면 아프다
화학이 화하하
생물 오징어
지구는 둥글다

노를 저으면 배가 앞으로 가는 까닭은?

 노를 저어서 배가 앞으로 나아가게 하는 건 힘의 상호 작용을 이용한 거야! 노를 저어 물을 뒤로 밀어내면 물이 노를 앞으로 밀어서 배가 앞으로 움직이는 거지.

 우아! 물이 힘을 줘서 배가 앞으로 가는 거군요!

 물고기도 마찬가지야. 물속에서 지느러미를 움직여 물을 뒤로 밀어내 앞으로 나아가지.

 물고기가 사람만큼 똑똑하네요!

 새도 빼놓지 마! 새는 공중에서 날갯짓을 하여 공기를 아래로 밀어. 그럼 공기는 새를 위로 밀지. 그래서 새가 공중에 떠 있을 수 있는 거야. 드론이나 헬리콥터가 공중으로 떠오르는 것도 새와 비슷하게 공기를 밀어낼 때 생기는 힘을 이용해.

와, 공기가 주는 힘이 그렇게 세다니 놀랍네요!

 앞으로 나가기 위해 주변의 물이나 공기를 미는 대신, 자신이 갖고 있던 물이나 기체를 뒤로 내뿜는 경우도 있어. 문어는 몸에 물을 저장했다가 머리 부근에 있는 관을 통해 물을 뒤로 내뿜고, 그때 물이 미는 힘을 이용해 앞으로 나아가지.

 헉, 대단하다!

 로켓은 연료를 태워서 생기는 기체를 아래로 내뿜으면서 위로 올라가. 우주에서 방향이나 빠르기를 바꿀 때도 마찬가지로 엔진 꼬리에서 기체를 내보낼 때 기체가 미는 힘을 이용하지.

로켓

 문어와 로켓이 움직이는 원리가 같은 거군요!

장하다의 오답을 피하는 방법
나선애의 야무진 실험실
왕수재의 아는 척 과학교실
허영심의 별 헤는 밤
곽두기의 빅뱅 따라잡기

COMMENTS

 배나 물고기나 로켓이나 움직이는 원리가 다 똑같아!
 ㄴ 게다가 엄청 간단해!
 ㄴ 과학, 별거 아니네!

"세상에! 우주복이 100 kg(킬로그램)이 넘는대!"

왕수재의 말에 아이들이 놀라며 맞장구를 쳤다.

"헉, 100 kg? 엄청나다!"

"그렇게 무거운 옷을 입고 어떻게 걸어 다녀?"

나선애가 고개를 갸우뚱하며 되물었다.

"지구에서는 엄청 무겁지만, 달에서는 훨씬 가볍거든!"

어느새 과학실로 들어선 용선생이 말했다.

지구가 당기는 힘

"지구에선 무거운 우주복이 달에선 가벼워진다고요?"

"좋아! 달에 가면 우주복이 가벼워지는 까닭을 같이 알아보자!"

용선생이 말을 마치고 책상 위에 놓인 공을 집어 들었다가 바닥에 떨어뜨렸다. 아이들이 어리둥절한 표정으로 용선생을 바라보다 물었다.

"갑자기 왜 공을 바닥에 떨어뜨리세요?"

"공이 바닥으로 떨어지는 거 봤지? 지구에 있는 모든 물체는 지구가 당기는 힘을 받아. 그래서 물체를 위로 던져도 결국은 땅으로 떨어지지."

"공은 저절로 떨어지는 줄 알았는데, 지구가 끌어당기는 거였어요?"

"그렇지. 이렇게 지구가 물체를 당기는 힘을 '중력'이라고 해. 지난 시간에 힘에는 크기와 방향이 있다고 했던 말 기억하지? 중력도 힘이기 때문에 방향이 있어. 중력이 작용하는 방향은 어디일까?"

중력이 작용하는 방향?

"모든 물체는 아래로 떨어지니까 아래 방향이겠죠?"

"맞아. 하지만 지구 밖에서 보면 아래 방향이 아니라, 지구의 중심을 향해 떨어진다고 할 수 있지."

"아래 방향으로 떨어지는 게 지구 중심을 향해 떨어지는 거라고요?"

그러자 용선생이 화면에 그림을 띄웠다.

▲ 지표면에서 중력의 방향

"보렴. 지구에서 지표면 여기저기에 아래 방향을 화살표로 표시해 보면 화살표는 모두 지구 중심을 향해."

"정말 그렇네요? 화살표가 전부 지구 중심을 향해요."

"맞아. 아래로 떨어지는 것처럼 보였던 물체들이 사실은 지구의 중심을 향해 떨어지고 있었던 거야. 그러니까 중력은 물체를 지구 중심으로 끌어당기는 힘인 거지."

"그러면요, 선생님! 번지점프 할 때 아래로 떨어지는 것도 중력 때문인가요?"

"맞아! 폭포수나 수돗물이 위에서 아래로 흐르는 것도

> **곽두기의 낱말 사전**
>
> **지표면** 땅 지(地) 겉 표(表) 모양 면(面). 지구의 겉부분 또는 땅의 겉면을 말해.

▲ 중력 때문에 나타나는 현상

중력 때문이고, 겨울에 고드름이 항상 위에서 아래로 흘러내리는 모습으로 어는 것도 모두 중력 때문이지."

"모든 물체는 당연히 위에서 아래로 떨어진다고 생각했는데 그게 모두 지구가 끌어당기는 힘 때문에 일어나는 거였네요!"

"맞아. 알고 보면 세상에는 중력 때문에 일어나는 일이 아주 많단다. 아주 중요한 사실을 하나 말해 줄까? 사실 우리가 숨을 쉬며 살 수 있는 것도 중력 때문이야."

"네? 우리가 숨을 쉬는 건 공기 덕분 아닌가요?"

"맞아. 그런데 지구에 공기가 있는 것 자체가 지구의 중력 때문이야. 지구가 공기를 당기고 있기 때문에 공기가 지구 밖으로 날아가지 않고 지구에 머물러 있는 거거든."

"와! 중력이 없다면 우리는 지구에서 살 수도 없겠네요!"

"그렇지! 그뿐만이 아니야. 달이 지구 주위를 도는 것도 중력 때문이야. 지구의 중력은 달까지 당기지."

"헉, 지구의 중력이 저 멀리 떨어져 있는 달까지 작용하다니……. 놀랍네요!"

"하하! 그렇지! 또 하나 알아 둘 게 있어. 보통 물체 사이에 힘이 작용할 때 두 물체가 서로 닿아야 한다고 생각하기 쉬워. 손으로 물체를 밀 때 손과 물체가 닿아 있는 것처럼 말이지. 하지만 지구의 중력이 달까지 작용하는 것처럼 중력은 물체가 서로 닿지 않고 떨어져 있어도 작용해."

"우아! 닿지 않아도 된다고요? 중력은 손대지 않고도 물

▼ 중력에 의해 지구 주위를 도는 달

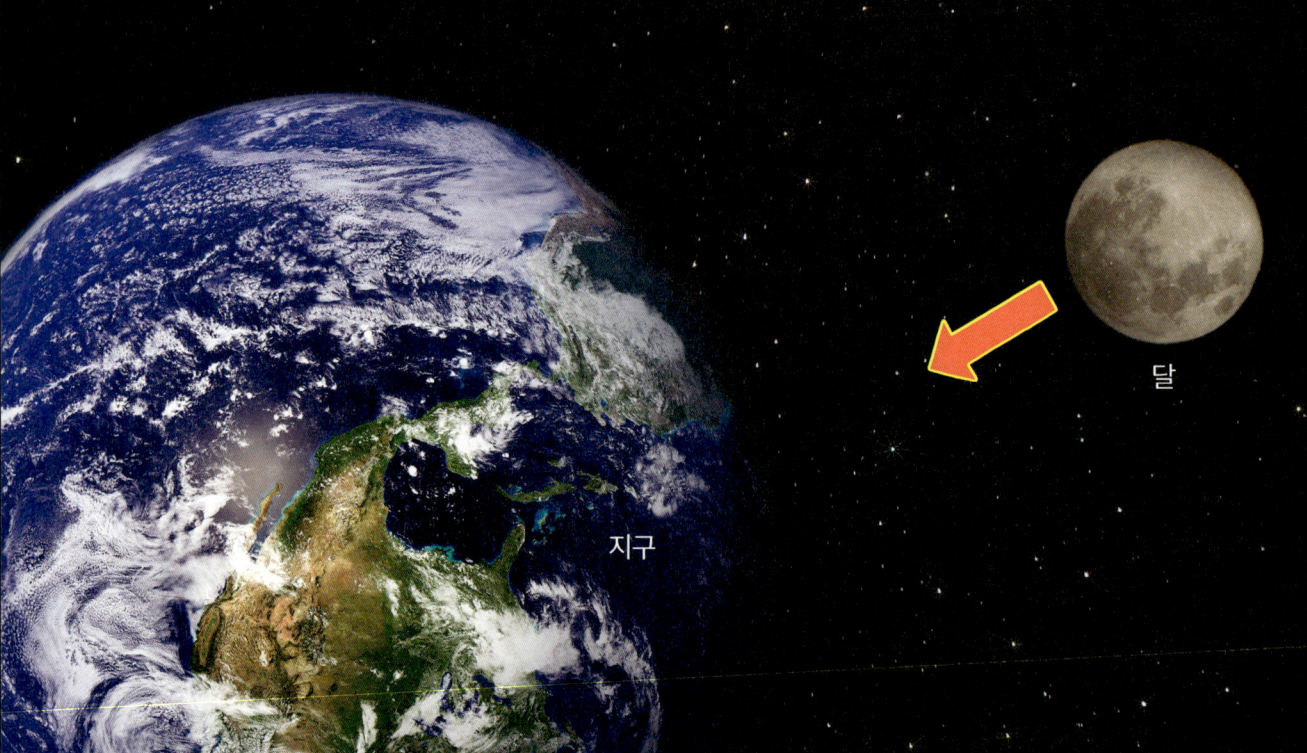

체를 움직이는 초능력 같아요."

핵심정리

지구가 물체를 당기는 힘을 중력이라고 해. 중력은 지구 중심을 향해.

물이 아래로 흐르는 것도…

고드름이 아래로 자라는 것도…

연필이 아래로 떨어지는 것도…

지구만 당기는 건 아니야!

"중력은 보통 지구가 물체를 당기는 힘을 말하지만, 지구만 물체를 당기는 건 아니야."

용선생이 공을 가리키며 말을 이었다.

"지난번에 힘을 받는 물체는 힘을 받기만 하는 것이 아니라 동시에 힘을 준다고 했지? 사실 지구가 공을 당길 때 공도 지구를 당겨. 같은 크기의 힘으로 말이지."

"아, 기억나요! 두기가 공을 앞으로 던지니까 두기가 뒤로 밀려났잖아요."

나선애가 큰 소리로 외치자 용선생이 고개를 끄덕였다.

"어? 근데 왜 공만 아래로 떨어져요? 똑같이 힘을 받는다면 지구도 공 쪽으로 끌려와야 되지 않나요?"

달이 지구 주위를 도는 것도…

지구가 물체를 당기는 중력 때문이지!

▲ 지구와 사과는 동시에 서로를 당겨.

용선생의 과학 현미경

중력은 모든 물체 사이에 작용해. 이 힘을 일만 만(萬), 있을 유(有), 끌 인(引), 힘 력(力)자를 써서 '만유인력'이라고도 해.

곽두기가 고개를 갸웃하며 물었다.

"좋은 질문이야. 무거운 물체를 움직이려면 그만큼 힘이 더 커야 해. 지구와 공은 서로 같은 크기의 힘을 주고받지만, 지구는 공보다 엄청나게 무거워서 공이 당기는 힘 정도로는 꿈쩍도 안 하지."

아이들이 고개를 끄덕이자 용선생이 말을 이었다.

"이처럼 모든 물체와 물체 사이에는 서로 당기는 중력이 작용해. 심지어 사람과 사람 사이에도 끌어당기는 힘이 작용한단다."

"네? 사람과 사람 사이에도요?"

곽두기가 미심쩍은 표정으로 물었다.

"물론이야! 두기와 수재도 지금 서로를 당기고 있어."

그러자 왕수재가 말했다.

"정말요? 근데 저는 아무 힘도 안 느껴지는데요?"

"맞아요! 서로 끌려가지도 않잖아요!"

"지구상에 있는 물체들 사이에 작용하는 중력은 아주 작아. 두기와 수재 사이에 작용하는 중력은 지구가 두기나 수재를 당기는 중력의 수백억 분의 일밖에 안 될 정도이지. 그래서 우리는 지구의 중력 외에는 잘 느끼지 못하는 거야."

"헉! 수백억 분의 일이면 얼마나 작은 건지 상상이 안 가네요. 우리가 느끼지 못하는 게 이해가 돼요!"

"중력은 지구뿐만 아니라 우주에 있는 모든 물체와 물체 사이에 작용해. 지구가 태양 주위를 도는 것도 바로 태양

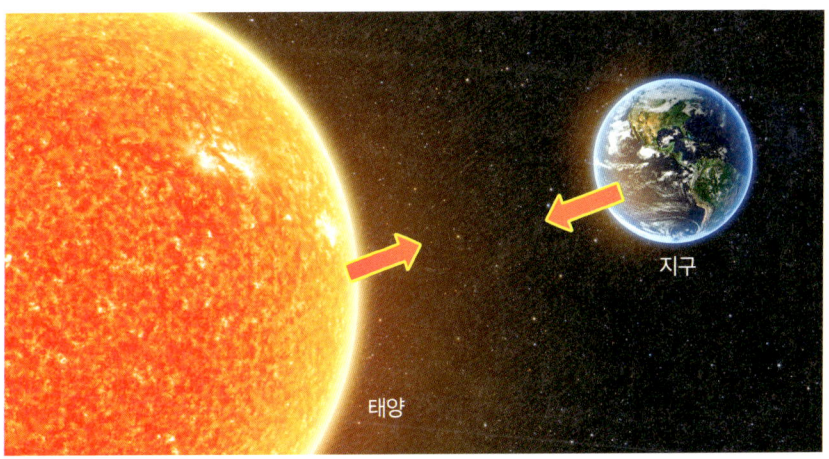

▲ 중력에 의해 태양 주위를 도는 지구

의 중력 때문이지. 지구의 중력 때문에 달이 지구 주위를 돌듯이, 태양의 중력 때문에 지구가 태양 주위를 도는 거란다."

"공이 바닥으로 떨어지는 거랑 지구가 태양 주위를 도는 게 모두 중력 때문이라니……. 놀라워요!"

모든 물체와 물체 사이에는 서로 당기는 중력이 작용해.

우주복은 왜 달에서 더 가벼운 걸까?

"혹시 달에 가면 우주복이 가벼워지는 것도 중력 때문인가요?"

왕수재가 손을 번쩍 들고 묻자 용선생이 말했다.

"맞아. 우주복이 가벼워졌다는 건 무게가 줄었다는 말이겠지? 무게는 지구가 물체를 당기는 힘 때문에 생겨. 다시 말해서, 물체에 작용하는 중력의 크기가 바로 물체의 무게인 것이지."

"무게가 중력의 크기라고요?"

"그래. 만약 지구가 지금보다 우리를 더 세게 당긴다면 우리 몸이 더 무거워질 거야. 중력이 변하면 우리의 몸무게도 변해."

"아하! 그럼 중력이 크면 무거워지고 중력이 작으면 가벼워져요?"

"그렇지! 달의 중력은 지구 중력의 약 $\frac{1}{6}$밖에 되지 않아. 달에 공기가 없는 까닭도 달의 중력이 약하기 때문이지. 설령 달에 공기가 있었다 하더라도 달의 중력이 너무 약해서 남아 있지 못했을걸?"

"그럼 달에서 몸무게를 재면 지구에서 잰 몸무게의 $\frac{1}{6}$밖에 안 되겠네요? 중력이 $\frac{1}{6}$로 줄어드니까요."

용선생이 "그렇지." 하며 고개를 끄덕이자 허영심이 고개를 갸우뚱하며 물었다.

"근데 이해가 안 돼요. 달에 간다고 제 몸이 변하는 것도 아닌데 몸무게가 줄어든다는 게요."

"하하, 맞아. 달에 가면 중력이 작아질 뿐이지 우리의 몸이 변하는 건 아니야. 무게와 달리 물체를 이루는 고유한 양은 장소가 달라져도 변하지 않아. 물체가 가진 고유한 양을 '질량'이라고 해."

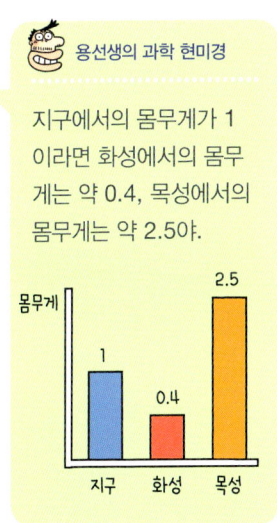

용선생의 과학 현미경

지구에서의 몸무게가 1이라면 화성에서의 몸무게는 약 0.4, 목성에서의 몸무게는 약 2.5야.

▲ 지구와 달에서의 질량과 무게

"그럼 달에 가도 저의 질량은 그대로예요?"

"그렇지! 무게는 중력의 크기이기 때문에 중력이 다른 장소에서는 무게도 달라지지만, 질량은 항상 그대로란다."

"오호, 그렇군요."

"그럼 무게와 질량이 무슨 상관이에요?"

"무게는 질량과 아주 밀접한 관계가 있어. 물체는 질량이 클수록 중력이 크게 작용해서 무게도 커지거든. 너희가 몰랐던 사실을 하나 알려 줄까? 우리가 흔히 무게가 몇 kg이라고 말할 때, 그건 무게가 아니라 질량이란다. kg은 무게의 단위가 아니라 질량의 단위거든."

"네? 그럼 무게의 단위는 뭐예요?"

"무게의 단위는 kg에 '중'을 붙여서 'kg중'이라고 쓰고,

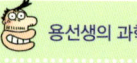

용선생의 과학 현미경

g(그램)도 질량의 단위야. 1 kg은 1,000 g이야.

'킬로그램중'이라고 읽어."

"근데 왜 무게를 말할 때 몇 kg이라고 해요? 그건 질량의 단위라면서요?"

"질량이 1kg인 물체의 무게는 지구에서 1kg중이거든. 어차피 숫자는 같으니까 kg중을 간단히 kg으로 줄여서 표현하는 거야. 하지만 정확한 표현은 아니지."

"그럼 제 몸무게는 30kg이 아니라, 30kg중이라고 해야 정확한 표현이겠네요?"

"맞아! 그리고 한 가지 더 알아 둘 게 있어. N이 힘의 단위였던 거 기억나지? 무게는 중력의 크기이니까 무게의 단위로 N을 쓰기도 해."

"N이 무게의 단위도 되는군요."

아이들이 모두 고개를 끄덕이는데 왕수재가 말했다.

"저도 한번 우주복을 입고 달에 가 보고 싶어요. 우주복이 얼마나 가벼워지는지 체험해 보게요!"

"하하! 그래. 나중에 꼭 한번 가 보렴. 우주복이 아주 가볍게 느껴질 거야. 그럼 오늘 수업은 여기까지!"

핵심정리

무게는 중력의 크기이기 때문에 중력이 다른 장소에서는 무게도 달라져. 반면 장소가 달라져도 변하지 않는 물체가 갖는 고유한 양을 질량이라고 해.

나선애의 정리노트

1. 중력
① 물체와 물체 사이에 서로 당기는 힘
② 지구의 중력은 지구 중심을 향함.

2. 중력에 의한 현상
① 물체를 위로 던져도 아래로 떨어짐.
② 물이 높은 곳에서 낮은 곳으로 흐름.
③ 고드름이 어는 방향이 아래쪽을 향함.
④ 지구에 공기가 있음.
⑤ 달이 지구 주위를 돎.

3. 무게
① ⓐ_____의 크기
② 장소에 따라 달라지고, 달에서는 지구에서의 ⓑ_____ 이 됨.
③ 단위로 N(뉴턴)이나 ⓒ_____ (킬로그램중)을 사용함.

4. 질량
① 물체가 갖는 고유한 양
② 장소가 달라져도 변하지 않음.
③ 단위로 ⓓ_____ (킬로그램)을 사용함.

ⓐ 중력 ⓑ $\frac{1}{6}$ ⓒ kg중 ⓓ kg

 **과학퀴즈** 달인을 찾아라!

● 정답은 123쪽에

01

친구들이 이번 시간에 배운 내용에 대해 이야기하고 있어. 옳으면 O, 옳지 않으면 X를 표시해 줘.

① 지구의 중력은 지구가 물체를 당기는 힘이야. (   )
② 지구의 중력은 지표면에서 지구 중심을 향해. (   )
③ 질량은 중력의 크기야. (   )

02

다음 보기의 문장 속 괄호에 들어갈 말을 순서대로 이으면 어떤 모양이 나온대. 무슨 모양인지 그려 봐.

보기

물체가 받는 중력의 크기를 물체의 (   )라고 하는데, 이 값은 장소에 따라 달라져. 달에 가면 지구에서의 (   )로 줄어. 단위로는 (   )을(를) 사용하지. 장소가 달라져도 물체가 갖는 고유한 양은 변하지 않아. 이를 (   )이라고 하고, 단위로 (   )을 사용해.

$\frac{1}{6}$ kg   N   무게   질량

용선생의 과학 카페 | 용선생의 한국사 카페 | 용선생의 세계사 카페

https://cafe.naver.com/yongyong

용선생의 과학 카페

과학계의 핵인싸,
용선생의 과학 카페에
오신 걸 환영합니다.

[Log in]

MENU
- 물리면 아프다
- 화학이 화하하
- 생물 오징어
- 지구는 둥글다

아이작 뉴턴 이야기

사과나무에서 사과가 떨어지고, 지구가 태양 주위를 돌아. 얼핏 보면 아무 관련도 없어 보이는 이런 현상들을 하나의 법칙으로 설명한 사람이 있어. 바로 영국의 과학자 아이작 뉴턴이야.

뉴턴은 1642년 농사를 짓는 집안에서 태어났어. 아버지는 뉴턴이 태어나기 전에 이미 죽었고, 어머니는 어린 뉴턴을 할머니에게 맡기고 재혼했어. 다행히 삼촌이 뉴턴의 학문적 재능을 알아보고 케임브리지 대학교에서 공부할 수 있게 도와주었지.

▲ 아이작 뉴턴

전염병 때문에 학교가 잠시 문을 닫게 되자 뉴턴은 시골집으로 내려와 수학과 물리학을 연구했어. 바로 이 시기에 운동과 중력의 법칙을 발견했지.

1687년에 뉴턴은 이러한 발견들을 정리하여 과학 역사에 길이 남을 《프린키피아》란 책으로 출판했어. 이 책에서 뉴턴은 물체의 운동을 세 가지 법칙으로 설명하는데, 이 법칙들은 지금까지도 널리 쓰이고 있어. 힘의 상호 작용에 관한 법칙도 이

▲ 프린키피아

세 가지 법칙 중 하나란다.

또한 《프린키피아》에는 중력의 법칙을 이용해 달이 지구 주위를 도는 운동과 태양계 행성들이 태양을 중심으로 도는 운동의 원리도 설명되어 있어. 뉴턴의 연구는 훗날 새로운 행성인 해왕성을 발견하는 데에도 큰 몫을 했어. 많은 사람들이 뉴턴을 인류 역사상 가장 위대한 과학자로 꼽는단다.

1661년 케임브리지 대학교에 입학
1668년 최초의 반사 망원경을 만듦.
1687년 《프린키피아》 출판
1727년 85세의 나이로 죽음.

1642년 영국에서 성탄절 아침에 태어남.
1664년 프리즘으로 빛을 연구함.
1671년 두 번째 반사 망원경을 만듦.
1705년 기사 작위를 받음.

행성이 태양 주위를 도는 것도, 사과가 떨어지는 것도 모두 중력 때문이야!

COMMENTS

나도 커서 뉴턴처럼 뛰어난 과학자가 되고 싶다!

└ 사과나무 밑에 오래 앉아 있어 봐!

└ 어이구!

3교시 | 수평 잡기

모빌은 어떻게 수평을 이룰까?

와, 예쁘다!

어떻게 기울어지지도 않고 저렇게 매달려 있지?

"아휴, 내 모빌은 왜 자꾸 기울어지는 거야!"

모두가 모빌 만들기에 한창인데 왕수재가 짜증을 냈다.

"내 것도 마찬가지야!"

장하다가 맞장구쳤다.

"그런데 선애 누나 모빌은 꽤 수평을 잘 이루네. 비결이 뭐야, 누나?"

곽두기가 부러운 눈으로 나선애의 모빌을 바라보며 말했다.

"글쎄……. 어쩌다 보니 수평이 됐어."

나선애의 말에 곽두기가 실망한 표정을 지었다. 이때 뒤에서 용선생의 목소리가 들려왔다.

"뭘 그리 열심히 만들고 있니?"

"모빌을 만들고 있는데 자꾸 한쪽으로 기울어져요."

"저런, 오늘은 수평 잡기의 원리를 알려 줘야겠구나!"

수평을 잡는 방법은?

"수평 잡기의 원리요?"

"그것만 알면 모빌이 기울어지지 않게 만들 수 있는 거예요?"

곽두기와 왕수재가 동시에 외치자 용선생이 고개를 끄덕이며 모빌과 클립 한 통을 책상 위에 올려놓았다.

"그럼 가장 쉬운 것부터 시작해 볼까? 모빌 양쪽에 클립 한 개를 각각 매달아 수평을 잡아 보자."

"네!"

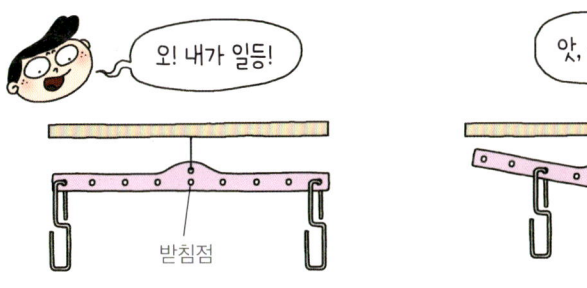

▲ 무게가 같은 물체의 수평 잡기

"두기가 제일 먼저 수평을 잡았네! 두기와 하다의 모빌을 비교하면 어떤 차이점이 있지?"

나선애가 제일 먼저 손을 들었다.

"두기 모빌은 양쪽 클립이 가운데에서부터 같은 거리에

> **곽두기의 낱말 사전**
>
> **받침점** 모빌, 시소, 지레 등에서 움직이지 않고 고정된 부분이야.

있는데, 하다 모빌은 거리가 달라요."

"맞았어! 그래서 두기의 모빌은 수평을 이루지만 하다의 모빌은 한쪽으로 기운 거야. 무게가 같은 물체로 수평을 잡으려면 각각의 물체를 받침점으로부터 같은 거리에 놓아야 해. 아마 시소를 탈 때 비슷한 경험을 해 본 적이 있을 거야."

허영심이 고개를 끄덕이며 말했다.

"맞아요! 몸집이 비슷한 친구랑 시소를 탈 때 똑같이 시소 끝쪽에 앉았더니 시소가 기울어지지 않았어요!"

"좋아. 이번에는 한쪽에 클립 하나, 다른 한쪽에 클립 두 개를 매달아 모빌의 수평을 잡아 보자."

아이들이 "네!" 하며 클립을 하나씩 더 매달았다.

"오, 선애 누나가 만든 것만 수평이 됐어요!"

곽두기가 외쳤다.

▲ 무게가 다른 물체의 수평 잡기

"그렇구나. 선애가 만든 모빌은 영심이나 수재의 모빌과 어떻게 다르지?"

"클립을 매단 위치만 다른 것 같은데……. 아, 알겠다! 선애 누나 모빌은 무거운 쪽이 가벼운 쪽보다 받침점에 더 가까워요!"

"잘 봤어! 무게가 다른 물체로 수평을 잡으려면 선애처럼 무거운 물체를 가벼운 물체보다 받침점에 더 가까이 놓아야 해."

용선생이 허영심과 왕수재의 모빌을 가리키며 말했다.

"영심이처럼 무거운 물체와 가벼운 물체를 받침점으로부터 같은 거리에 매달면 모빌이 무거운 쪽으로 기울어. 수재처럼 무거운 물체를 가벼운 물체보다 받침점에 더 멀리 매달아도 마찬가지야."

▲ **숟가락의 수평 잡기** 숟가락의 무거운 부분이 받침점에 가까이 있어야 수평을 잡을 수 있어.

용선생의 말에 장하다가 고개를 끄덕였다.

"기억나요! 지난번에 두기랑 시소 탈 때 제가 더 안쪽에 앉았더니 수평이 맞았거든요."

> **핵심정리**
>
> 수평을 잡으려면 무게가 같은 물체는 받침점으로부터 같은 거리에, 무게가 다른 물체는 무거운 물체를 가벼운 물체보다 받침점에 더 가까이 놓아야 해.

 ## 수평이 되는 정확한 위치를 찾아라!

"근데 무거운 물체를 받침점에 얼마나 가까이 놓아야 수평이 되는 거죠?"

왕수재가 손을 번쩍 들고 물었다.

"그건 물체의 무게에 따라 달라지는데, 모빌을 하나 더 만들면서 알아보자. 이번엔 한쪽에 클립 네 개를 매달아 수평을 잡는 거야. 그럼 클립이 두 개 있을 때보다 클립의 위치가 받침점에 더 가까워져야 할까, 멀어져야 할까?"

"클립이 하나에서 두 개가 되었을 때 받침점에 가까워져야 수평이 됐으니까, 클립이 네 개가 되면 받침점에 더 가까워져야 할 거 같은데요?"

나선애의 대답에 용선생이 "그렇지!" 하며 엄지를 치켜들었다.

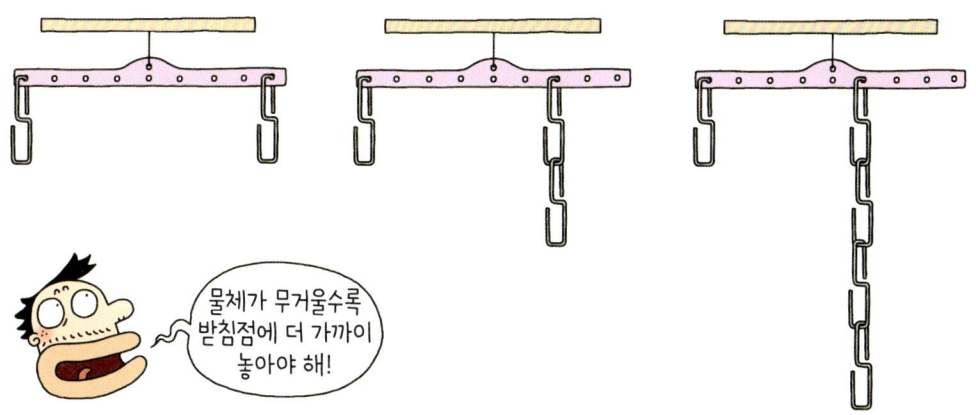

"이렇듯 물체가 반대쪽보다 무거울수록 받침점에 더 가까이 놓아야 수평을 잡을 수 있어. 반대로 무게가 반대쪽보다 가벼울수록 받침점에서 더 멀리 놓아야 하지."

"그럼 수평을 잡을 때까지 이리저리 옮겨 봐야 하는 거예요? 어디에 매달아야 하는지 한 번에 알 수 있는 방법은 없어요?"

"간단하게 알아낼 방법이 있지. 물체의 무게와 물체가 받침점으로부터 떨어진 거리를 곱한 값이 서로 같으면 수평을 이룬다는 규칙이 있거든."

▲ 수평 잡기의 원리

용선생이 칠판을 가리키며 말을 이었다.

"그러니까 한쪽 물체의 무게가 반대쪽 물체의 2배라면 받침점으로부터 거리는 $\frac{1}{2}$이어야 양쪽이 수평을 이룬다는 뜻이지."

"그럼 무게가 4배가 되면 받침점으로부터 거리는 $\frac{1}{4}$이 돼야겠네요?"

"그렇지."

"오, 이제 물체들의 무게만 알면 쉽게 수평을 잡을 수 있겠어요!"

"그럼! 반대로 두 물체가 수평을 이룰 때 받침점으로부터 떨어진 거리를 알면 물체의 무게를 알아낼 수도 있어. 단, 한쪽 물체의 무게를 알 때 말이야."

"어떻게요?"

용선생이 화면에 그림을 띄웠다.

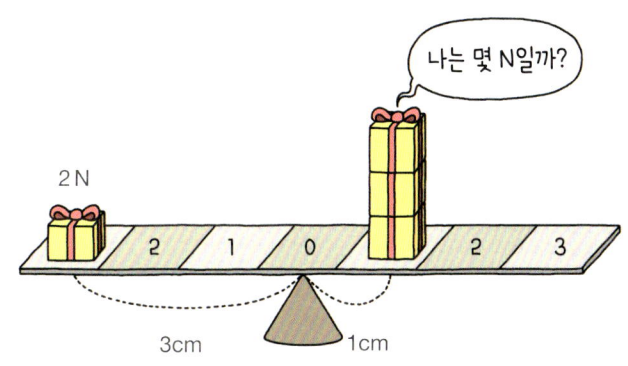

"왼쪽에 있는 물체는 받침점에서 3 cm 떨어져 있고, 무게는 2 N이야. 오른쪽에 있는 물체는 받침점과 1 cm 떨어져 있는데 무게는 알 수 없어. 그런데 두 물체가 수평을 이뤘다면 오른쪽 물체의 무게는 얼마일까?"

왕수재가 제일 먼저 손을 들었다.

"받침점으로부터 거리가 왼쪽 물체의 $\frac{1}{3}$이니까 3배 무거워야겠죠? 그럼 무게가 2 N의 3배인 6 N이 되겠네요."

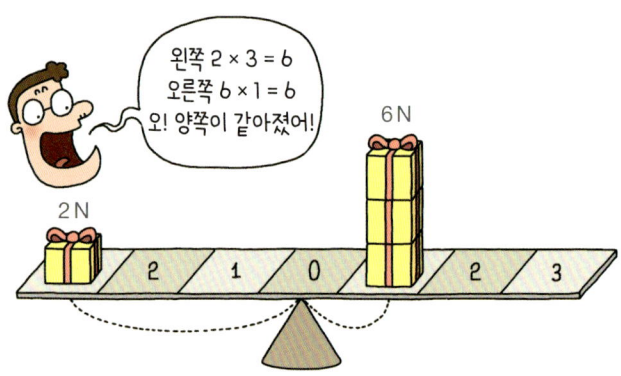

▲ 수평 잡기의 원리

"맞았어!"

수평을 잡는 원리는 물체의 무게와 받침점으로부터 물체까지의 거리를 곱한 값이 양쪽에서 같게 만드는 거야.

 수평 잡기의 원리를 이용해!

"우리 주위에는 모빌 외에도 수평 잡기의 원리를 이용한 도구가 많아."

"어떤 게 있는데요?"

"이건, 무게를 비교하거나 질량을 잴 때 쓰는 저울이야."

▲ 양팔저울

▲ 윗접시저울

용선생이 양팔저울과 윗접시저울을 책상 위에 올려놓았다.

"어? 그거 예전에 본 적이 있어요!"

곽두기가 양팔저울을 가리키며 말했다.

"사람들은 아주 오래전부터 수평 잡기의 원리를 알고 이용해 왔어. 고대 이집트 벽화에도 양팔저울이 그려져 있지. 너희도 한 번쯤 본 적이 있을 거야."

▼ 양팔저울이 그려진 고대 이집트 벽화

"맞아요! 그런데 수평 잡기의 원리를 어떻게 이용해요?"

"아주 간단해. 양팔저울로 설명해 볼게. 먼저 받침점 양쪽에 저울접시를 놔. 이때 두 접시는 받침점으로부터 같은 거리에 있어야 해. 그리고 비교하려는 물체를 각각의 접시에 올리는 거야. 그럼 어떻게 될까?"

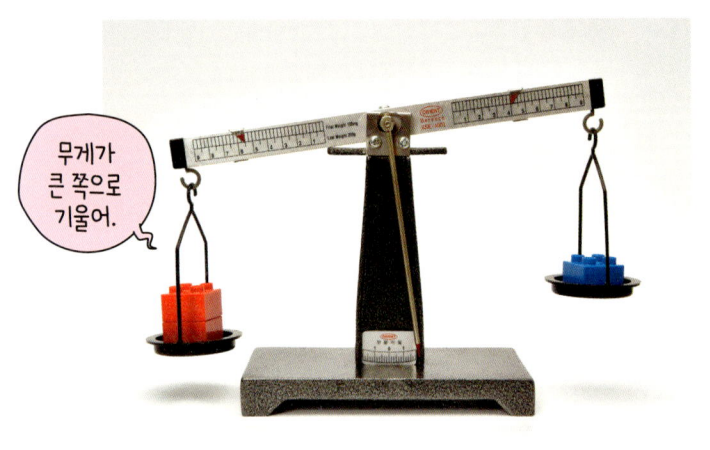

▲ 양팔저울을 이용한 무게 비교

(무게가 큰 쪽으로 기울어.)

"무게가 같으면 저울이 수평인 채로 그대로 있을 테고, 무게가 다르면 더 무거운 쪽으로 기울겠죠."

나선애가 답하자 용선생이 고개를 끄덕이며 말했다.

"맞아. 이런 방법으로 여러 물체의 무게를 서로 비교할 수 있어."

"헤헤, 수평 잡기의 원리를 이용한다고 해서 무지 거창할 줄 알았는데 엄청 간단하네요."

"하하, 맞아. 한 가지 더 알아 둘 게 있는데, 질량이 클수록 무게도 크니까 무게를 비교하는 건 질량을 비교하는 것과 같아. 그래서 분동을 이용하면 양팔저울이나 윗접시저울로 물체의 질량을 측정할 수가 있어."

"오호, 질량을 재는 것도 별거 아니네요."

나선애의 과학 사전

분동 질량의 기준이 되는 물체로, 저울로 질량을 잴 때 사용해.

윗접시저울로 질량을 재는 법

1. 먼저 평평한 곳에 저울을 놓고 영점 조절 나사를 돌려 수평을 잡아. 바늘이 가운데를 가리키면 수평이 된 거야.

2. 왼쪽 접시에 질량을 재려고 하는 물체를 올려놔.

3. 핀셋을 사용하여 질량이 큰 분동부터 차례차례 오른쪽 접시에 올려. 이때 저울이 분동 쪽으로 기울면 방금 올린 분동 대신 질량이 조금 더 작은 분동을 올려.

4. 저울이 수평이 되면 오른쪽 접시에 있는 분동의 질량을 모두 더해. 그 값이 바로 물체의 질량이야.

"맞아. 여기서 질문 하나만 할까? 여기에 질량이 1kg인 공이 있다고 생각해 보자. 양팔저울에 이 공을 올려놓으면 질량이 1kg인 분동과 수평을 이뤄. 이 양팔저울을 달에 가져가면 양팔저울이 여전히 수평을 이룰까? 아니면 어느 한쪽으로 기울까?"

"달에서요? 달에 간다고 뭐가 달라지나요?"

허영심이 말하자 왕수재가 고개를 갸웃하며 물었다.

"달에서는 무게가 $\frac{1}{6}$로 줄어든다고 했는데……. 그건 상관이 없나요?"

"수재 말대로 달에서는 공의 무게가 $\frac{1}{6}$로 줄어들어. 그런데 공의 무게만 줄어드는 게 아니라 모든 물체의 무게가 똑같이 줄어든단다. 분동도 마찬가지야. 양팔저울 양쪽의 무게가 똑같이 줄어드니까 양팔저울은 지구에서나 달에서나 똑같이 수평을 이루게 되지."

"오호, 그렇겠네요!"

"공은 달에서도 질량이 1kg인 분동과 수평을 이루니까 공의 질량은 지구에서와 마찬가지로 똑같이 1kg이야. 질량은 장소가 달라져도 변하지 않는다는 거 기억하지?"

"네!"

아이들이 고개를 끄덕였다. 그때 장하다가 말했다.

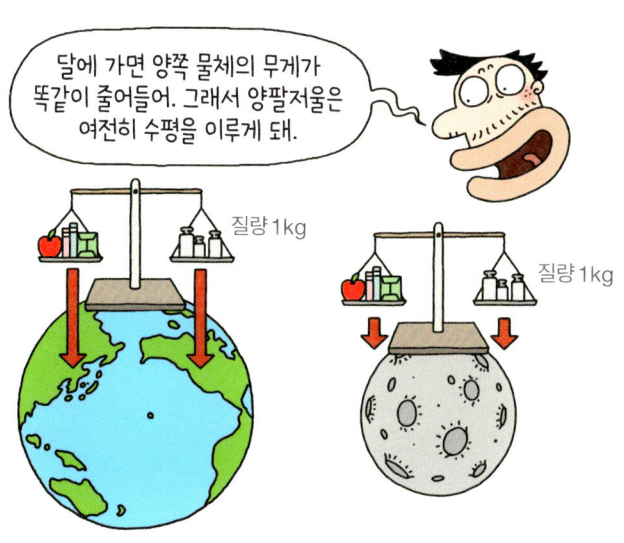

▲ 지구와 달에서의 질량 측정

"수평 잡기의 원리를 배웠더니 시소가 타고 싶네요!"

"그냥 놀고 싶은 건 아니고?"

장하다의 말에 나선애가 핀잔을 줬다.

"놀고 싶은 게 아니라 무게를 비교하고 싶은 거야!"

"하하! 그럼 오늘 수업은 여기에서 마치고 모두 놀이터로 가자!"

"와, 신난다!"

핵심정리

양팔저울과 윗접시저울은 수평 잡기의 원리를 이용해 물체의 질량을 재.

용선생의 시끌벅적 과학교실 **63**

나선애의 정리노트

1. 수평 잡기의 원리
① 두 물체의 무게가 같을 경우 두 물체를 ⓐ [　　　]으로부터 같은 거리에 놓음.
② 두 물체의 무게가 다를 경우 무거운 물체를 가벼운 물체보다 받침점에 더 가까이 놓음.
③ 물체의 ⓑ [　　　]와 받침점으로부터의 거리를 곱한 값이 서로 같아야 함.

무게1 　　　무게2
거리1 　　거리2

무게1 × 거리1 = 무게2 × 거리2

2. 수평 잡기 원리의 이용
① ⓒ [　　　] 저울, 윗접시저울
② 무게를 비교하거나 ⓓ [　　　]을 측정함.
③ 수평을 이룬 저울은 장소가 달라져도 수평을 이룸.

ⓐ 받침점 ⓑ 무게 ⓒ 양팔 ⓓ 무게

 # 과학퀴즈 달인을 찾아라!

●정답은 123쪽에

01

친구들이 이번 시간에 배운 내용에 대해 이야기하고 있어. 옳으면 O, 옳지 않으면 X를 표시해 줘.

① 무게가 같으면 받침점으로부터 같은 거리에 놓아야 해. (　　)
② 무거운 물체를 받침점에서 멀리 놓아야 해. (　　)
③ 양팔저울은 수평 잡기의 원리를 이용해 질량을 재. (　　)

02

허영심이 케이크 교환권을 선물 받았어. 그런데 교환권에 적혀 있는 퀴즈를 풀어야만 케이크로 교환할 수 있대. 허영심이 케이크를 먹을 수 있게 도와줘.

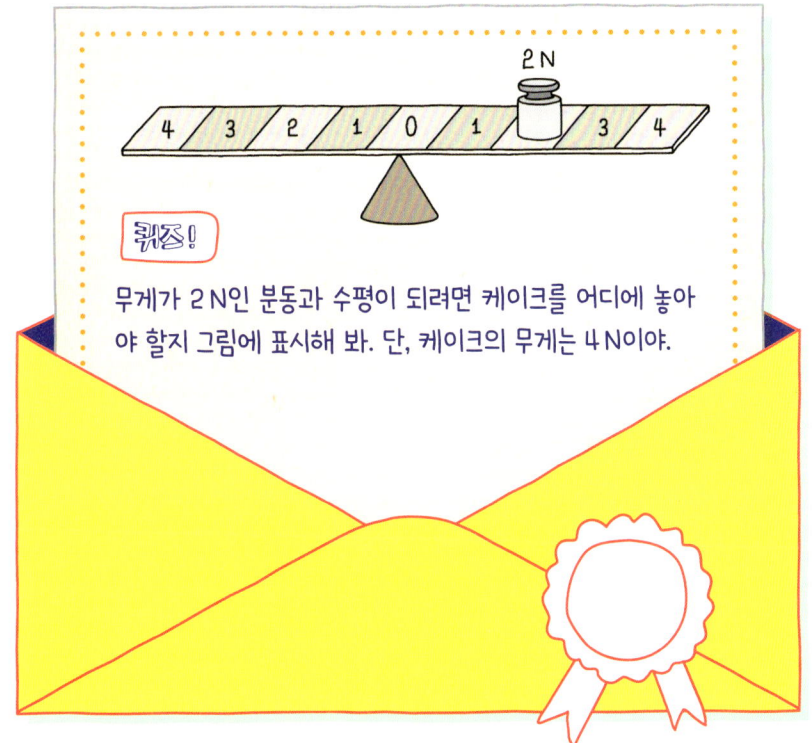

퀴즈!
무게가 2 N인 분동과 수평이 되려면 케이크를 어디에 놓아야 할지 그림에 표시해 봐. 단, 케이크의 무게는 4 N이야.

4교시 | 탄성력

장대를 이용해 높이 뛰는 비법은?

뭐 하는 거지?

장대를 저렇게 이용하면 높이 뛸 수 있나 봐!

왕수재가 과학실로 뛰어 들어오며 말했다.

"너희 어제 장대높이뛰기 경기 봤어?"

"나도 봤어. 정말 높이 뛰더라! 하늘로 날아가는 줄 알았어!"

왕수재와 장하다가 신이 나서 이야기하는데 갑자기 허영심이 물었다.

"근데 장대를 이용하면 왜 높이 뛸 수 있는 거지?"

"나도 그게 궁금했어. 무슨 특수 장대라도 되나?"

"그런 거 같아. 뛸 때 장대가 엄청 많이 휘지 않았냐?"

곽두기와 나선애, 왕수재도 끼어들었다. 그때 용선생이 과학실에 들어오며 말했다.

"아주 자세히 봤구나! 너희 말이 맞아. 장대높이뛰기 선수가 사용하는 장대는 보통 막대기와는 달라."

"어떻게 다른데요?"

장대와 고무줄의 공통점은?

"선애야, 네 머리끈 좀 빌려줄래?"

용선생의 말에 나선애가 어리둥절한 표정으로 고무줄 머리끈을 용선생에게 건넸다.

"장대는 고무로 된 이 머리끈과 비슷한 성질을 띠지."

"네? 전혀 안 비슷할 거 같은데……."

용선생이 머리끈을 양쪽으로 잡아당기며 말을 이었다.

"하하, 뭐가 비슷한지는 금방 알게 될 거야! 이 머리끈을 잡아당겨 늘인 뒤 손을 놓으면 어떻게 될까?"

"다시 원래 모양으로 돌아가죠! 안 그러면 한 번 쓰고 버려야 하게요?"

용선생이 "그렇지."라고 말하며 이번에는 가방에서 기다란 고무 밴드를 꺼냈다.

"어? 그거 스트레칭 할 때 쓰는 고무 밴드 아니에요?"

"맞아. 이 고무 밴드도 머리끈처럼, 잡아당겨 늘인 뒤 손을 놓으면 원래 모양으로 되돌아가. 고무는 힘을 주어 변형시켜도 힘이 더 이상 작용하지 않으면 원래 모양으로 되돌아가는 성질이 있거든. 용수철도 마찬가지지."

▲ 고무 밴드

 곽두기의 낱말 사전

변형 변할 변(變) 모양 형(形). 힘을 받아 물체의 모양이나 형태가 변하는 것을 말해.

▲ 장난감 용수철

용선생이 장난감 용수철을 잡아당기며 말했다.

"이렇게 힘을 받아 변형된 물체가 원래 모양으로 되돌아가려는 성질을 '탄성'이라고 해. 그리고 탄성이 있는 물체를 '탄성체'라고 하지."

"그럼 고무줄도 탄성이 있는 탄성체예요?

"맞아! 고무줄을 잡아당기면 고무줄이 손을 당기는 힘이 느껴지지? 이 힘을 '탄성력'이라고 해. 탄성력은 탄성체가 변형되었을 때 원래 모양으로 되돌아가려는 힘이야."

"장대높이뛰기 선수가 사용하는 장대도 고무줄이나 용수철처럼 탄성이 있어요?"

"맞아. 장대높이뛰기 선수들이 사용하는 장대는 가벼우면서도 탄성이 매우 큰 특수한 재료로 만들어. 장대높이뛰기 선수는 장대가 휘었다가 원래대로 돌아가려는 힘을 이용해 높이 솟구쳐 오르는 거야."

"장대에 용수철과 비슷한 성질이 있다니 놀랍네요!"

"장대높이뛰기 이외에도 우리 주변에는 탄성력을 이용하는 경우가 아주 많아. 어떤 예가 있을까?"

용선생이 아이들을 둘러보자 곽두기가 제일 먼저 손을 들었다.

"볼펜이나 샤프펜슬에는 용수철이 들어 있잖아요. 그것

용선생의 과학 현미경

처음에는 장대높이뛰기 선수들이 쓰는 장대를 일반 나무로 만들었어. 이후 대나무, 알루미늄을 거쳐 요즘은 가볍고 탄성이 좋은 유리 섬유나 탄소 섬유로 만들어. 유리 섬유와 탄소 섬유는 말 그대로 유리와 탄소를 섬유처럼 가늘게 만든 거야.

도 탄성력을 이용하는 거죠?"

"그렇지! 용수철을 사용하는 볼펜은 안에 들어 있는 용수철을 눌렀을 때 생기는 탄성력을 이용해 볼펜 심을 넣었다 뺐다 하는 거야. 샤프펜슬도 마찬가지이고. 또, 스테이플러, 빨래집게, 컴퓨터 자판에도 용수철이 들어 있어서 변형된 후 다시 원래 모양으로 되돌아오지."

"트램펄린도 발로 세게 구르면 위로 높이 튀어 오르잖아요. 그것도 탄성력 때문인가요?"

"맞아. 트램펄린은 매트 가장자리에 여러 개의 용수철을 연결하여 만들어. 그래서 트램펄린 위에서 점프하면 땅바닥에서 점프할 때보다 탄성력을 크게 받아서 높이 솟아오를 수 있어."

아이들이 고개를 끄덕이자 용선생이 말을 이었다.

"번지점프 할 때 사람이 아래로 떨어지다가 줄이 최대로 늘어나면 다시 위로 올라오지? 그것도 줄의 탄성력 때문이야."

"한마디로 줄이 늘었다 줄었다 한다는 거네요. 아하! 그럼 활로 화살을 쏘는

▲ 용수철이 들어 있는 볼펜

▼ 용수철에 걸려 있는 트램펄린 매트

것도 탄성력을 이용하는 거 아니에요? 활이 휘어졌다 펴지잖아요."

"맞아! 활에 달린 줄을 활시위라고 하는데, 활시위를 당겼다 놓으면 활이 휘었다가 원래 모양으로 되돌아가. 이런 탄성 때문에 화살이 앞으로 날아가는 거지."

▲ 활 활도 탄성력을 이용해.

 핵심정리

힘을 받아 변형된 물체가 원래 모양으로 되돌아가려는 성질을 탄성이라고 해. 이때 원래 모양으로 되돌아가려는 힘을 탄성력이라고 해.

 탄성력은 언제 커질까?

용 선생이 아이들을 둘러본 뒤 말을 이었다.

"그럼 이번에는 탄성력이 작용하는 방향에 대해 알아보자. 활을 쏠 때 활시위를 어느 방향으로 당겨야 하지?"

"뒤쪽이요!"

"맞아! 활시위를 뒤로 당겼다가 놓으면 탄성력이 앞쪽으로 작용해서 화살이 앞으로 날아가. 마찬가지로 트램펄린 매트를 아래로 누르면 용수철이 늘어났다가 원래대로 되돌아가려고 하면서 위쪽으로 탄성력이 작용해. 그래서 트램펄린에 탄 사람이 위로 높이 솟아오르지. 이렇듯 탄성력은 변형된 물체가 원래 모양으로 되돌아가려는 방향으로 작용해."

왕수재가 고개를 끄덕이며 물었다.

"한마디로, 용수철이 늘어나면 줄어드는 방향으로 탄성력이 작용한다는 거네요."

"그렇지. 반대로 용수철이 줄어들면 늘어나는 방향으로

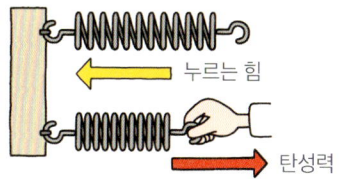

용수철을 잡아당길 때

용수철을 누를 때

◀ 탄성력의 방향

탄성력이 작용하고."

이때 나선애가 손을 번쩍 들었다.

"근데 어떻게 생각하면 당연한 거 같아요. 탄성력은 물체가 변형됐을 때 원래 모양으로 되돌아가려는 힘이니까 변형된 방향과 반대 방향으로 작용하겠죠."

"맞아! 탄성력의 뜻을 잘 생각해 보면 탄성력의 방향을 쉽게 알 수 있어."

아이들이 고개를 끄덕이자 용선생이 말을 이었다.

"마찬가지로 탄성력의 크기도 쉽게 짐작할 수 있어. 고무줄을 많이 늘였을 때와 조금 늘였을 때 중 언제 고무줄이 당기는 힘이 더 세게 느껴지지?"

"고무줄을 많이 늘였을 때요!"

"맞아. 물체가 많이 변형될수록 원래 모양으로 되돌아가려는 힘도 커져. 물체가 변형된 정도가 클수록 탄성력의 크기도 크다는 거지."

"아하, 그럼 화살을 멀리 쏘려면 활시위를 세게 당겨서 활이 많이 휘도록 해야겠네요?"

장하다가 활시위를 당기는 시늉을 하는데 뒤에서 휴지 뭉치가 칠판에 날아와 부딪쳤다.

"새총도 고무줄을 많이 당길수록 총알이 멀리 나가네!"

▲ 탄성력의 크기

"곽두기! 그거 내 새총이야!"

"어휴! 둘 다 못 말려!"

핵심정리

탄성력은 물체가 변형된 방향과 반대 방향으로 작용해. 탄성력의 크기는 물체가 변형된 정도가 클수록 커.

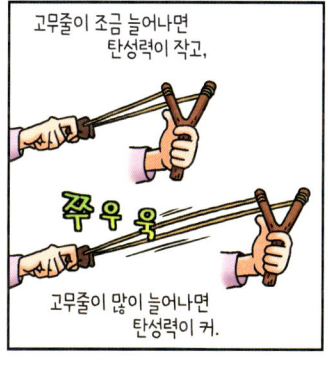

 ### 탄성력을 이용해 무게를 재는 원리는?

용선생이 말을 이었다.

"용수철이 많이 늘어날수록 탄성력이 커진다는 것을 이용하면 물체의 무게도 잴 수 있어. 실제로 마트나 가정에서 용수철이 들어 있는 저울을 많이 쓰지."

▲ 용수철을 이용하여 무게를 재는 저울

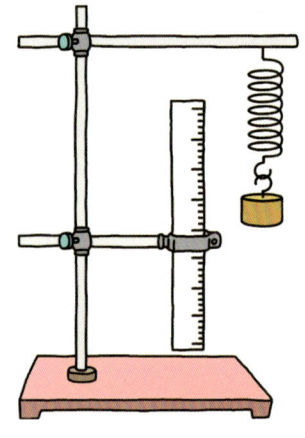

"용수철로 무게를 잰다고요? 탄성력과 무게가 무슨 상관이에요?"

허영심이 고개를 갸우뚱하며 묻자 용선생이 기다렸다는 듯이 용수철을 스탠드에 매달았다. 그리고는 용수철에 추를 걸며 말했다.

"자, 지금부터 그 원리를 알아보는 실험을 할 거야. 먼저 추의 무게를 늘려 가면서 용수철이 늘어난 길이를 재는 거야. 그럼 추의 무게와 용수철이 늘어난 길이 사이의 관계를 알 수 있어. 이 관계를 이용하면 다른 물체의 무게도 알아낼 수 있지."

"추의 무게를 어떻게 늘려요?"

"용수철에 추를 여러 개 매달면 되지! 이때 무게가 같은 추를 사용하면 편리해. 그래야 추의 개수가 많아질수록 추의 무게가 일정하게 커지니까."

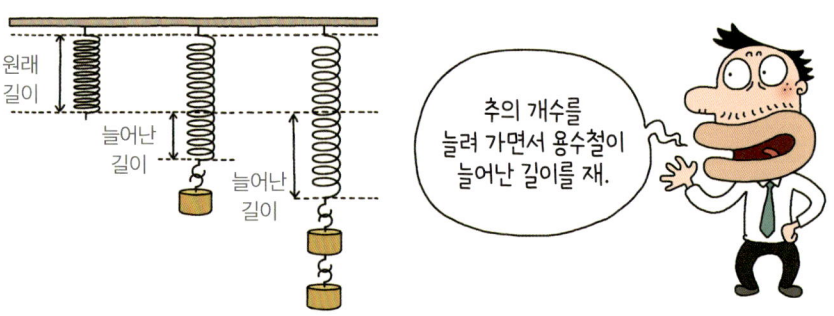

아이들은 추의 개수를 하나씩 늘려 가면서 용수철이 늘어난 길이를 재기 시작했다.

"다 쟀어요."

아이들이 측정을 마치자 용선생이 말했다.

"이제 추의 개수와 용수철이 늘어난 길이를 그래프로 나타내 보자. 그럼 추의 무게와 용수철이 늘어난 길이 사이의 관계가 보일 거야."

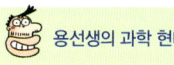 용선생의 과학 현미경

용수철의 전체 길이가 아니라 용수철이 원래 길이에서 얼마나 늘어났는지를 재야 해.

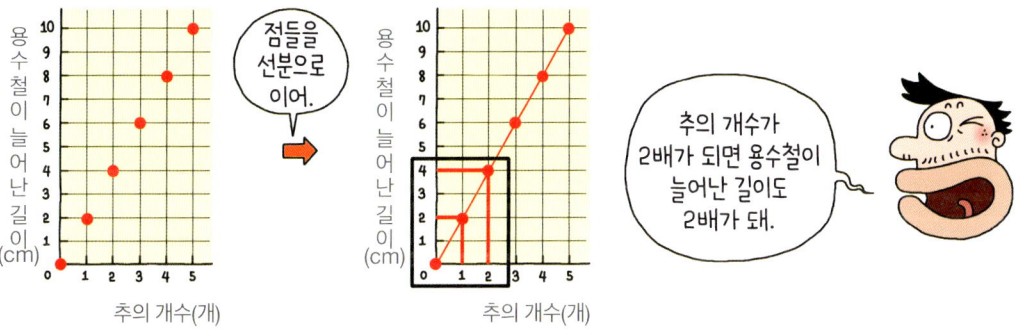

▲ **추의 개수와 용수철이 늘어난 길이 사이의 관계** 추의 개수가 1개에서 2개로 2배가 되면 용수철이 늘어난 길이도 2 cm에서 4 cm로 2배가 돼.

"오호, 그래프가 직선이에요!"

"잘했어. 그래프가 직선인 까닭은 추의 무게가 커질수록 용수철이 늘어난 길이도 일정하게 커지기 때문이야. 추의 개수가 2배, 3배가 되면 용수철이 늘어난 길이도 2배, 3배가 되지. 이런 관계를 '비례 관계'라고 해."

▲ 용수철저울

"정말 일정하게 늘어나네요!"

"용수철저울은 바로 용수철의 이러한 성질을 이용해 만든 저울이야. 용수철에 물체를 매달았을 때 용수철이 늘어난 길이를 재서 물체의 무게를 알아내는 거지."

"그런데 어떻게 길이를 재서 무게를 알 수 있어요?"

"자, 예를 하나 들어 줄게. 무게가 5 N인 추를 매달았을 때 길이가 10 cm 늘어나는 용수철이 있어. 어떤 물체를 매달았더니 이번에는 용수철이 20 cm 늘어났어. 그렇다면 이 물체의 무게는 얼마일까?"

용선생의 과학 현미경

추의 무게와 탄성력의 관계는?

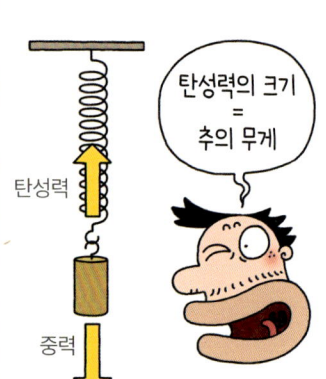

용수철에 추를 매달면 추에는 두 가지 힘이 작용해. 지구가 아래로 당기는 중력과 용수철이 위로 당기는 탄성력이지. 줄다리기를 할 때 양쪽에서 당기는 힘이 같으면 줄이 더 이상 움직이지 않는 것과 마찬가지로, 중력과 탄성력의 크기가 같으면 용수철에 매단 추가 더 이상 움직이지 않아. 중력의 크기가 무게라는 건 알고 있지? 그러니까 이때 탄성력의 크기는 추의 무게와 같아.

한 가지 더! 추의 무게와 용수철이 늘어난 길이는 비례해. 그러니까 탄성력의 크기도 용수철이 늘어난 길이에 비례한다는 것을 알 수 있어.

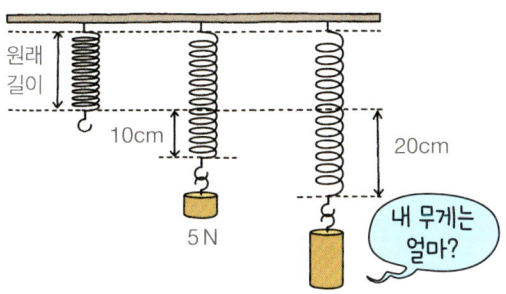

왕수재가 제일 먼저 손을 들었다.

"용수철이 늘어난 길이가 10cm에서 20cm로 두 배가 됐으니까 물체의 무게는 5N의 두 배인 10N이겠네요!"

"그렇지! 이렇게 무게를 알고 있는 추를 매달아 용수철이 늘어난 길이를 비교하면 다른 물체의 무게도 알 수 있단다."

열심히 고개를 끄덕이던 장하다가 외쳤다.

"탄성력이 뭔지 알았으니까 이제 밖에 나가서 장대높이뛰기로 배운 걸 확인해 봐요!"

"하하. 그래! 오늘 수업은 여기까지!"

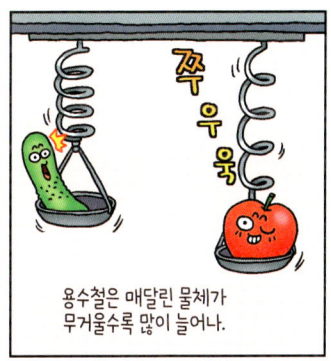

 핵심정리

용수철에 매단 추의 무게가 커질수록 용수철이 늘어난 길이도 일정하게 커져. 이 원리를 이용하면 물체의 무게를 잴 수 있어.

나선애의 정리노트

1. 탄성력
① [ⓐ] 된 물체가 원래 모양으로 되돌아가려는 힘
② 물체가 변형된 정도가 클수록 커짐.
③ 물체가 변형된 방향과 [ⓑ] 방향으로 작용함.

2. 용수철저울
① 용수철에 매단 물체의 [ⓒ] 가 커질수록 용수철이 늘어난 길이도 일정하게 커지는 관계를 이용하여 만든 저울
② 물체를 매달았을 때 용수철이 늘어난 [ⓓ] 를 재어 무게를 알아냄.

ⓐ 변형 ⓑ 반대 ⓒ 무게 ⓓ 길이

 # 과학퀴즈 달인을 찾아라!

●정답은 123쪽에

01

친구들이 이번 시간에 배운 내용에 대해 이야기하고 있어. 옳으면 O, 옳지 않으면 X를 표시해 줘.

① 탄성력은 변형된 물체가 계속 변형된 상태로 있으려는 힘이야. (   )
② 물체가 변형이 많이 될수록 탄성력도 커져. (   )
③ 탄성력은 물체가 변형된 방향과 같은 방향으로 작용해. (   )

02

곽두기가 양궁장을 찾아가고 있어. 탄성력을 이용하는 물체를 따라가면 미로를 탈출해 양궁장을 찾을 수 있대. 곽두기가 미로를 빠져나갈 수 있게 도와줘.

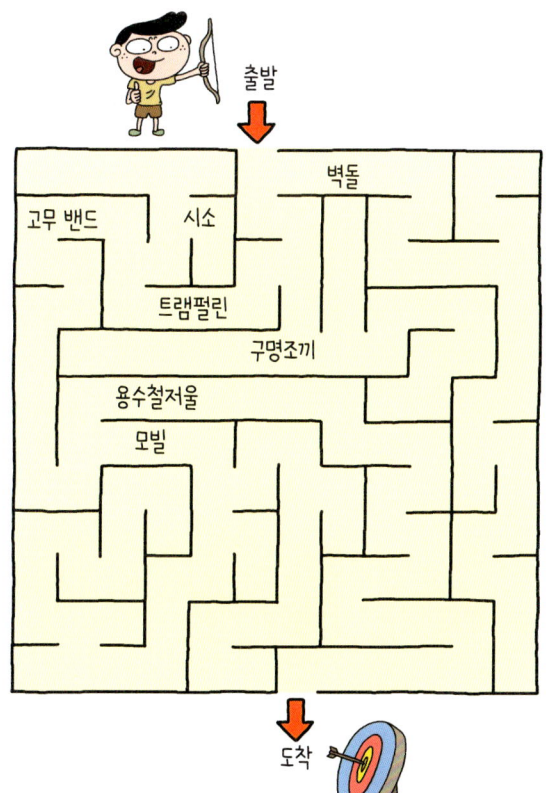

"너희들 어제 컬링 경기 봤어? 정말 재미있지 않았냐?"

왕수재가 과학실로 들어오며 말했다.

"나도 봤어! 요즘 컬링이 대세야!"

아이들은 어제 본 경기 이야기를 하며 이야기꽃을 피웠다.

"인터넷에도 컬링을 흉내 내는 동영상이 엄청 많은 거 알지?"

"나도 봤어! 솔로 바닥을 문지르는 영상 말이지?"

허영심의 말에 나선애도 고개를 끄덕였다.

"근데 컬링 선수들은 빙판을 왜 그렇게 열심히 문지르는 걸까?"

"그러게 말이야! 빙판을 청소하려는 건 아닐 테고……."

그때 용선생이 과학실로 들어왔다.

 ### 책을 밀면 가다가 멈추는 까닭은?

"그건 '마찰력'을 줄이기 위해서야. 그럼 컬링 스톤이 빨리 움직일 수 있거든."

"마찰력이요?"

"그래. 마찰력은 물체가 서로 접촉해 있을 때 접촉면에서 물체의 운동을 방해하는 힘이야. 등산화를 신고 걸으면 잘 미끄러지지 않지? 등산화와 땅바닥 사이에 미끄러지는 걸 방해하는 힘이 작용하기 때문이야."

"컬링 경기장 빙판에서도 마찰력이 작용해요? 얼음 위는 미끄러우니까 방해하는 힘이 없을 거 같은데요?"

"마찰력은 매끈해 보이는 물체에서도 작용해. 아무리 매끈해 보여도 자세히 들여다보면 표면이 울퉁불퉁하거든."

 장하다의 상식 사전

컬링 스톤 컬링 경기에서 사용하는 돌로서, 무게가 20 kg중에 다다를 정도로 무겁고 단단해.

 곽두기의 낱말 사전

접촉 이을 접(接) 닿을 촉(觸). 서로 맞닿았다는 뜻이야. 접촉면은 서로 맞닿는 면이야.

"오호, 그렇군요!"

"그래서 물체가 다른 물체와 맞닿은 채로 움직일 때는 항상 운동을 방해하는 힘이 생겨. 그 힘을 바로 마찰력이라고 부르는 거고."

아이들이 고개를 끄덕였다.

"우리는 늘 마찰력을 경험하고 있어. 잘 봐! 예를 하나 들어 볼게."

용선생이 교탁 위에 있는 책을 손으로 살짝 밀자 책이 조금 움직이다 멈췄다.

"책이 계속 움직이지 않고 가다가 멈췄지? 교탁과 책 사이에 책의 운동을 방해하는 마찰력이 작용한 거야."

"아하! 마찰력 때문에 책이 가다가 멈추는 거군요!"

"그래. 또 다른 예를 들어 볼까? 겨울에 평평한 빙판에서 썰매를 타 본 적 있니?"

"네, 있어요!"

"얼음과 썰매 사이에도 운동을 방해하는 마찰력이 작용해. 그래서 막대로 얼음을 계속 뒤로 밀어 주지 않으면 썰매가 금세 멈추고 말지."

"어, 맞아요! 겉으로 봤을 때에는 얼음이 매끄러워 보였는데, 얼음에서도 마찰력이 작용하네요."

"맞아. 여기에서 중요한 사실 한 가지! 마찰력은 운동을 방해하는 힘이기 때문에 물체가 운동하는 방향과 항상 반대 방향으로 작용해. 만일 마찰력이 물체가 움직이는 방향과 같은 방향으로 작용하면 그건 운동을 방해하는 힘이 아니라 운동을 도와주는 힘이 되겠지?"

"하하! 그렇겠네요."

운동 방향
마찰력

핵심정리

마찰력은 물체가 어떤 면과 접촉하며 운동할 때 접촉면에서 물체의 운동을 방해하는 힘이야. 마찰력은 물체가 운동하는 방향과 반대 방향으로 작용해.

솔로 빙판을 문지르는 까닭은?

"근데 컬링 경기에서 선수들이 솔로 빙판을 문지르면 왜 마찰력이 줄어드는 거예요?"

"그건 접촉면의 성질이 달라지기 때문이야. 땅에서 걸을 때와 빙판에서 걸을 때를 비교해 봐. 둘 중 언제 더 잘 미끄러지지?"

"에이, 그거야 당연히 빙판에서죠!"

"맞아. 빙판에서는 마찰력이 땅에서보다 작기 때문에 잘 미끄러지는 거야. 땅은 빙판보다 표면이 거칠어서 마찰력이 더 커. 마찰력의 크기는 접촉하는 부분이 거칠수록 크거든."

"맞아요. 빙판은 땅보다 훨씬 표면이 매끄럽죠."

"그래. 예를 들면, 나무로 된 바닥에서는 빙판에서보다 마찰력이 10배 이상 크게 작용해. 나무 표면은 빙판보다 거칠어서 마찰력이 훨씬 큰 거야."

아이들이 고개를 끄덕였다.

"이제 컬링 경기 얘기로 돌아가 볼까? 컬링 경기장의 빙판은 다른 빙판과는 달라. 빙판을 아주 매끄럽게 만든 뒤 빙판 위 곳곳에 물방울을 뿌려 얼리지. 그래서 컬링 경기장 빙판에는 오돌토돌한 얼음 알갱이들이 아주 많이 붙어 있어."

"왜 그렇게 하는 거예요?"

"마찰력의 크기를 쉽게 조절하기 위해서야. 선수들이 솔로 바닥을 세게 문지르면 얼음 알갱이들이 녹아 물이 생겨.

용선생의 과학 현미경

밑창이 고무로 된 신발을 신고 바닥이 젖어 있는 콘크리트 위를 걸으면 바닥이 말라 있는 콘크리트 위를 걸을 때보다 마찰력이 약 $\frac{1}{3}$밖에 안 돼.

바닥에 물이 생기면 마찰력이 줄어서 스톤이 더 빨리, 그리고 더 멀리까지 미끄러져 나갈 수 있지. 그뿐만 아니라 마찰력이 작을수록 스톤이 덜 휘기 때문에 스톤이 움직이는 방향도 조절할 수 있어."

"오호! 어쩐지 선수들이 바닥을 문지르면 스톤이 더 빨리 움직이는 것 같았어요. 방향도 바뀌고요!"

▲ 컬링 선수들은 솔로 빙판을 문질러 마찰력을 작게 해.

용선생의 과학 현미경

컬링 신발은 왜 양쪽 밑창이 다를까?

컬링에서 마찰력을 이용하는 예가 하나 더 있는데, 바로 신발 밑창이야. 컬링 신발은 양쪽 밑창이 달라. 한쪽은 테플론, 다른 쪽은 고무로 되어 있어. 왜 다른 재질을 사용할까?

그건 마찰력의 크기를 다르게 하기 위해서야. 컬링 선수는 경기 도중 쉽게 미끄러지기도 하고 쉽게 멈추기도 해야 해. 그래서 한쪽 밑창은 마찰력이 작아서 쉽게 미끄러지는 테플론이라는 물질로, 다른 쪽은 마찰력이 커서 쉽게 멈출 수 있는 고무로 만들어. 이렇게 마찰력은 일상생활뿐 아니라 스포츠에서도 활용되고 있어!

좀 더 자세히 들여다볼까?

▲ 미끄러져야 할 때 — 테플론

▲ 멈춰야 할 때 — 고무

▲ 컬링 신발 (고무 / 테플론)

"하하, 그렇지? 이렇게 접촉하는 부분이 얼마나 거친가에 따라 마찰력의 크기는 달라져. 그런데 같은 접촉면에서도 마찰력의 크기는 달라질 수 있단다."

"정말요? 어떻게요?"

"속이 텅 빈 상자와 속이 꽉 찬 상자가 있다고 생각해 보자. 만약 두 상자를 밀어 움직이게 한다면 둘 중 어느 상자를 밀 때 더 큰 힘이 필요할까?"

"당연히 속이 꽉 찬 상자겠죠!"

장하다가 자신 있게 말했다.

"맞아. 물체가 무거울수록 더 큰 힘을 주어야 물체를 움직일 수 있어. 무게가 무거울수록 운동을 방해하는 마찰력이 크기 때문이지."

"그러니까 마찰력은 접촉면이 거칠수록, 물체가 무거울수록 큰 거군요!"

▲ 무게와 마찰력의 관계

"그렇지!"

나선애의 대답에 용선생이 크게 고개를 끄덕였다.

| 핵심정리 |

마찰력의 크기는 접촉면이 거칠수록, 물체가 무거울수록 커.

 ## 마찰력을 이용해!

"컬링 경기뿐만 아니라 일상생활에서도 우리는 마찰력을 아주 많이 이용해. 필요에 따라 마찰력을 작게 하기도 하고 크게 하기도 하지. 잘 미끄러지게 하려고 마찰력을 작게 하는 경우는 어떤 게 있을까?"

곽두기가 제일 먼저 손을 들었다.

"놀이 공원에 있는 물놀이 미끄럼틀이요! 물이 계속 흘러서 쭉쭉 미끄러져요!"

"맞아. 미끄럼틀에 물을 뿌리면 마찰력이 작아져서 잘 미끄러져. 스키 바닥에 왁스를 바르고 자전거 체인이나 바퀴축에 기름을 뿌리는 것

▲ 잘 미끄러지게 다리미로 왁스를 녹여 스키 바닥에 발라.

▲ 잘 미끄러지게 미끄럼틀에 물을 뿌려. ▲ 잘 미끄러지게 자전거 체인에 기름을 뿌려.

도 마찰력을 줄이기 위해서야. 왁스나 기름을 바르면 잘 미끄러진단다."

"안 그래도 자전거가 뻑뻑해서 말썽이었는데, 저도 기름을 뿌리면 되겠네요!"

장하다가 무릎을 치며 말했다.

"하하! 좋은 생각이구나. 그럼 반대로 마찰력을 일부러 크게 하는 예는 어떤 게 있을까? 잘 미끄러지지 않도록 하는 예를 찾으면 되겠지?"

"음……. 아까 말씀하신 등산화 밑창이요! 바닥이 울퉁불퉁하게 되어 있잖아요!"

"맞아! 등산화 밑창도 접촉면을 거칠게 해서 오르막이나 내리막에서 미끄러지지 않게 하는 거지. 혹시 눈이 온

▲ 바닥이 울퉁불퉁한 등산화 밑창

다음 날 집 앞 골목에 모래를 뿌리는 것을 본 적 있니? 그것도 마찰력을 크게 하려고 그러는 거야."

"아하, 그렇구나!"

"또 있어. 아파트나 건물 계단에 띠 같은 게 붙어 있는 걸 본 적이 있지? 그건 미끄럼 방지 패드인데, 바닥과 신발 사이의 마찰력을 크게 하기 위한 거야."

"아하! 욕실 바닥에 미끄럼 방지 패드를 까는 것도 마찰력을 크게 하기 위한 거죠? 욕실 바닥은 물기가 있어서 미끄럽잖아요."

"그렇지!"

용선생이 서랍에서 하얀 가루가 들어 있는 봉투 하나를 꺼냈다.

"이게 뭔지 아니?"

허영심이 고개를 갸웃하며 물었다.

"밀가루 아니에요?"

"이건 탄산 마그네슘이야. 역도 선수가 역기를 들어 올리기 전에 손에 바르는 거지."

"아하! 텔레비전에서 선수들이 경기 전에 손에 바르는 걸 본 적이 있어요! 체조 선수들도 쓰던데요?"

"맞아! 땀 때문에 역기가 손에서 미끄러지는 걸 막기 위

▲ 계단의 미끄럼 방지 패드

 용선생의 과학 현미경

탄산 마그네슘은 흰색 가루인데, 치아 표면에 붙어 있는 음식 찌꺼기와 치석을 떼어 내기 위해 치약의 성분으로도 쓰여.

▲ 역기가 손에서 안 미끄러지게 손에 탄산 마그네슘을 발라.

▲ 야구공이 안 미끄러지게 손에 송진 가루를 발라.

해 손에 바르는 거야. 탄산 마그네슘을 바르면 역기와 손 사이에 마찰력이 커지거든. 야구 투수는 손에 송진 가루를 바르지."

"공이 손에서 미끄러지지 말라고요?"

용선생이 "그렇지." 하며 서랍에서 면장갑 한 켤레를 꺼냈다.

▲ 고무 코팅을 한 면장갑

"작업할 때 쓰는 면장갑에 고무 코팅을 하는 것도 물건을 잡을 때 놓치지 않도록 마찰력을 크게 하기 위한 거야."

"병뚜껑이 안 열릴 때 엄마가 고무장갑을 끼고 여시던데, 그것도 손이 안 미끄러지게 하기 위한 거죠?"

용선생이 고개를 크게 끄덕였다.

"마찰력은 운동을 방해하는 힘이라고 해서 불편하기만

할 줄 알았는데 도움도 많이 되네요!"

"물론이지! 마찰력은 일상에서 아주 중요해. 마찰력이 없다면 손으로 연필을 잡는 것도, 어깨에 가방을 매는 것도 힘들 거야."

"왜요? 연필이나 가방이 계속 미끄러져서요?"

"그렇지!"

이때 장하다가 자리에서 벌떡 일어나며 말했다.

"마찰력이 이렇게 중요한데 빨리 실험을 더 해 봐야죠!"

"어떻게?"

장하다가 청소 도구함으로 달려가 대걸레를 들고 오며 외쳤다.

"컬링을 하면 되죠!"

핵심정리

미끄럼틀에 물을, 자전거 체인에 기름을 뿌리는 것은 마찰력을 작게 하기 위한 거야. 반대로 등산화 밑창을 울퉁불퉁하게 만들고 장갑에 고무 코팅을 하는 것은 마찰력을 크게 하기 위한 거야.

나선애의 정리노트

1. 마찰력
① 물체가 어떤 면과 접촉해 있을 때 접촉면에서 물체의 운동을 방해하는 힘
② 물체가 운동하는 방향과 ⓐ [ ] 방향으로 작용함.
③ 접촉면이 거칠수록 큼.
④ 물체가 무거울수록 큼.

2. 마찰력을 작게 하는 예
① 미끄럼틀에 ⓑ [ ] 을 뿌림.
② 자전거 체인에 ⓒ [ ] 을 뿌림.

3. 마찰력을 크게 하는 예
① 등산화 밑창을 울퉁불퉁하게 만듦.
② 장갑에 ⓓ [ ] 코팅을 함.
③ 계단 끝이나 욕실 바닥에 미끄럼 방지 패드를 붙임.

ⓐ 반대 ⓑ 물 ⓒ 기름 ⓓ 고무

과학퀴즈 달인을 찾아라!

●정답은 123쪽에

01

친구들이 이번 시간에 배운 내용에 대해 이야기하고 있어. 옳으면 O, 옳지 않으면 X를 표시해 줘.

① 마찰력은 물체가 운동하는 것을 도와주는 힘이야. (　　)
② 마찰력은 운동하는 방향과 반대 방향으로 작용해. (　　)
③ 무거운 물체일수록 운동할 때 마찰력이 크게 작용해. (　　)

02

나선애가 컬링 경기를 하고 있어. 마찰력을 크게 하는 예가 있는 곳을 문지르면 승리할 수 있대. 나선애가 승리할 수 있게 도와줘!

용선생의 과학 카페 | 용선생의 한국사 카페 | 용선생의 세계사 카페

https://cafe.naver.com/yongyong

용선생의 과학 카페

과학계의 핵인싸,
용선생의 과학 카페에
오신 걸 환영합니다.

Log in

오늘은 어떤 재미난 지식을 올려 볼까?

MENU
- 물리면 아프다
- 화학이 화하하
- 생물 오징어
- 지구는 둥글다

스카이다이버가 온몸을 쫙 펴는 까닭은?

스키 선수는 몸을 웅크리고 스키를 타지만, 스카이다이버는 독수리처럼 팔다리를 쫙 펴고 다이빙을 해. 스키 선수와 스카이다이버는 왜 이렇게 다른 자세를 취하는 걸까? 그건 바로 공기 때문에 생기는 마찰력을 다르게 하기 위해서야.

▲ 스키 선수는 몸을 웅크려.   ▲ 스카이다이버는 몸을 활짝 펴.

공기 때문에 마찰력이 생기냐고? 맞아! 물체가 공기 중에서 움직일 때도 운동을 방해하는 마찰력이 작용해. 그래서 공기 중에서는 공기가 없는 곳에서 운동할 때보다 물체의 운동이 느려지지. 이 힘은 물체의 모양에 따라 달라지는데, 물체와 공기가 부딪히는 면이 넓을수록 커져.

스카이다이버가 팔다리를 양옆으로 쫙 펴서 몸이 땅과 나란하게 떨어지면 공기와 부딪히는 부분이 넓어져서 마찰력이 커져. 그럼 팔다리를 몸에 딱 붙였을 때보다 천천히 떨어지게 돼. 이때 낙하산을 펼치면 공기의 마찰력은 훨씬 더 커지지. 그래서 스카이다이버는 높은 곳에서 떨어져도 무사히 땅에 착륙할 수 있어.

반대로 스키 선수는 빠르게 내려가야 하니까 공기로부터 방해를 적게 받을수록 좋아. 그래서 마찰력을 줄이기 위해 몸을 웅크려 공기와 부딪히는 부분을 좁게 만든단다.

- 장하다의 오답을 피하는 방법
- 나선애의 야무진 실험실
- 왕수재의 아는 척 과학교실
- 허영심의 별 헤는 밤
- 곽두기의 빅뱅 따라잡기

◀ 낙하산은 공기와 부딪히는 부분이 넓어서 공기의 마찰력을 크게 받아.

공기 때문에 마찰력이 생기는 건 처음 알았지?

COMMENTS

- 난 스키 선수가 추워서 몸을 웅크리는 줄 알았는데…….
  - 스카이다이버가 몸을 펴는 건 스트레칭하는 거고?
  - 못 말려!!

6교시 | 부력

잠수부는 물속에서 어떻게 가라앉을까?

와, 잠수부다!

잠수부들이 엄청 깊은 곳까지 들어갔어.

교과연계

초 4-1 물체의 무게
중 1 여러 가지 힘

잠수부들이 어떻게 잠수하는지 알아볼까?

① 힘의 정의
② 중력
③ 수평 잡기
④ 탄성력
⑤ 마찰력
⑥ 부력

"어제 텔레비전에서 스쿠버다이빙 하는 거 보니까 엄청 멋있었더라!"

"나도 봤어! 바닷속 깊은 곳까지 헤엄쳐 내려가는 모습이 어찌나 멋있던지! 나도 한번 해 보고 싶더라니까?"

나선애와 허영심의 대화에 왕수재도 끼어들었다.

"근데 너희 그거 알아? 다이빙 할 때 잠수부들이 허리에 특별한 벨트를 찬다는 거?"

"오, 나도 전에 어디서 들어 본 적 있어."

"근데 잠수할 때 왜 벨트를 차는 거지? 바지가 흘러내리는 것도 아닐 텐데 말이야."

나선애의 물음에 왕수재가 모르겠다는 듯 고개를 좌우로 흔들었다.

"글쎄……. 거기까지는 나도 잘 모르겠어."

물속에서 가벼워지는 까닭은?

때마침 용선생이 과학실로 들어왔다.

"웨이트 벨트에 관해 얘기하고 있구나? 잠수부가 허리에 차는 벨트 말이야."

"오, 선생님도 알고 계셨어요? 잠수부들은 잠수할 때 허리에 벨트를 찬대요!"

"그럼! 그게 없으면 물에 가라앉기 어렵거든."

"왜 물에 가라앉기가 어려워요? 저는 물에만 들어가면 맨날 가라앉던데요?"

"물론 어느 정도는 가라앉을 수 있어. 하지만 아무런 장비 없이 더 깊은 곳까지 내려가기는 어려워."

"정말요? 왜 그런 거예요?"

"혹시 수영장 물속에 들어가면서 몸이 가벼워지는 것을 느껴 본 적이 있니?"

"네! 들어가자마자 몸이 살짝 뜨는 것 같았어요."

"사람뿐만 아니라 모든 물체는 물속에서 가벼워져. 실제로 물에 잠긴 물체의 무게를 재 보면 물 밖에 있을 때보다 무게가 덜 나가지. 왜 그런지 아는 사람?"

아이들이 고개를 갸웃하자 용선생이 말을 이었다.

 장하다의 상식 사전

웨이트 벨트 웨이트(weight)는 무게를 뜻해. 웨이트 벨트를 주로 납으로 만들기 때문에 납 벨트라고도 해.

▲ 물 밖과 물속에서 물체의 무게 차이

"무거운 상자를 들고 있을 때, 친구가 밑에서 상자를 받쳐 주면 힘이 덜 들지?"

"당연하죠!"

"물속에서 몸이 가벼워지는 것도 마찬가지야. 물속에서 몸을 위로 받쳐 주는 힘이 작용하거든."

"뭐가 위로 받쳐 주는데요? 물이요?"

"맞아! 물속에 있는 물체는 사방에서 물이 누르는 힘을 받아. 너희들도 물에 들어갔을 때 물이 누르는 힘을 느껴 본 적 있을 거야. 물이 누르는 힘은 물속 깊이 들어갈수록

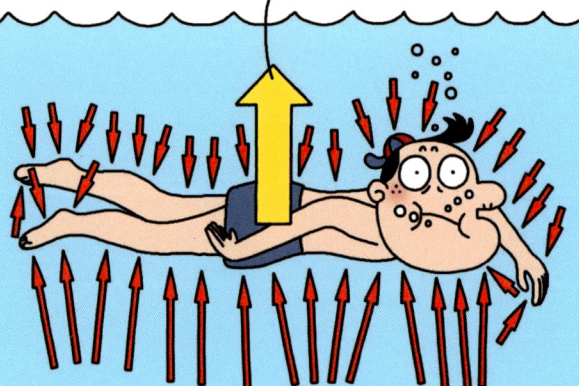

▶ 물의 부력 물이 아래에서 밀어 올리는 힘이 위에서 누르는 힘보다 커서 물속에 잠긴 물체는 위로 향하는 힘을 받아.

커진단다."

"그럼 어떻게 되는데요?"

"물이 물체를 위에서 누르는 힘보다 아래에서 밀어 올리는 힘이 더 크지. 그래서 물속에 잠긴 물체는 항상 위쪽으로 힘을 받아. 물체가 물에 뜨는 건 바로 이 힘 때문이야. 이 힘을 뜰 부(浮) 자를 써서 '부력'이라고 하지."

"물속에 들어가면 몸이 가벼워지는 게 물이 위로 받쳐 주는 부력 때문이군요?"

"그렇지! 물속에서는 부력의 크기만큼 무게가 가벼워진단다. 예를 좀 더 들어 볼까?"

"네, 좋아요!"

"탁구공은 공중에서는 아래로 떨어지지만, 물에서는 아래로 떨어지지 않고 물에 떠 있어. 물속에서 탁구공에 부력이 작용하기 때문에 물에 뜨는 거야. 얼음이 물에 뜨는 것도 마찬가지이고."

아이들이 고개를 끄덕이자 용선생이 말을 이었다.

"부력은 물속에서만 작용하는 건 아니야. 공기 중에서도 부력이 작용하고, 모든 액체와 기체 속에서 작용하지. 헬륨 풍선을 잡고 있다 손에서 놓으면 풍선이 위로 올라가지? 풍선 주위의 공기가 풍선을 위로 밀어 올리는 부력이

작용한 거야."

"와! 풍선이 뜨는 게 공기의 부력 때문이었군요!"

핵심정리

액체나 기체가 그 속에 들어 있는 물체를 밀어 올리는 힘을 부력이라고 해. 부력은 항상 위로 작용해.

 ## 왜 어떤 건 뜨고, 어떤 건 가라앉을까?

"그럼 모든 물체는 물속에서 부력을 받나요?"

"그렇지!"

"근데 왜 어떤 건 물속에 가라앉고, 어떤 건 떠올라요?"

나선애의 물음에 아이들이 "그러게." 하며 고개를 끄덕였다.

"좋아! 부력이 뭔지 알았으니까 이제 물체가 뜨고 가라앉는 원리를 알아보자!"

아이들이 자세를 가다듬고 다음 말을 기다렸다.

"부력이 물체를 위로 밀어 올리는 힘이라면, 반대로 물체를 아래로 당기는 힘도 있어. 바로 중력이야. 물속에 잠겨

있는 물체는 중력과 부력을 동시에 받는데, 이 두 힘의 방향은 항상 반대야. 중력은 아래로 작용하고 부력은 위로 작용하지."

"맞다. 중력이 있었지!"

"그래. 만일 물체에 작용하는 중력이 부력보다 크면 물체는 어느 쪽으로 힘을 받게 될까?"

"물론 아래 방향이죠."

"맞아. 중력이 부력보다 크면 물체는 아래쪽으로 힘을 더 크게 받으니까 가라앉게 돼. 중력의 크기가 무게라는 건 기억하고 있지? 그러니까 돌멩이가 물에 가라앉는 건 돌멩이의 무게가 부력의 크기보다 더 크기 때문이지!"

용선생의 말에 아이들이 고개를 끄덕였다.

"반대로 중력이 부력보다 작다면 물체는 어느 쪽으로 힘을 받을까?"

"위쪽이요."

"아하! 위쪽으로 힘을 받으니까 물체가 뜨겠군요?"

나선애가 손가락을 딱 튕기며 말했다.

"그렇지! 탁구공을 물에 집어넣으면 다시 떠오르는데, 그건 탁구공의 무게가 부력의 크기보다 작기 때문이지."

"오호! 그러니까 물체가 물속에서 뜨고 가라앉는 건 순

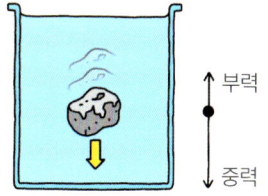

▲ 중력이 부력보다 크면 가라앉아.

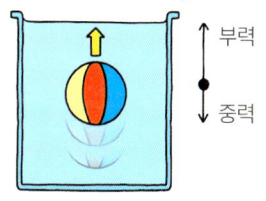

▲ 중력이 부력보다 작으면 떠올라.

용선생의 과학 현미경

사람은 물보다 약간 가벼워서 물에 뜰 수 있어. 하지만 이건 몸에 지방이 얼마나 많은지, 물에 소금이 얼마나 많이 녹아 있는지에 따라 달라져.

전히 중력과 부력, 둘 중 뭐가 큰가에 달린 거네요!"

"맞아! 잠수부가 허리에 웨이트 벨트를 차는 건 중력과 부력 중 중력을 더 크게 하기 위한 거지. 일반적으로 사람이 물속에서 받는 부력의 크기는 몸무게와 거의 비슷해서 물에 가라앉기 쉽지 않아. 그래서 쉽게 가라앉기 위해 웨이트 벨트를 착용해 무게를 늘리는 거야."

"오, 이제야 의문이 풀렸어요!"

왕수재가 책상을 탁 치며 말했다.

"하하. 그렇다면 다행이구나. 참고로, 잠수함이 가라앉는 원리도 이와 비슷해."

"잠수함도 가라앉을 때 무게를 늘리나요?"

"응. 잠수함에는 공기 조절 탱크가 있는데, 가라앉을 때 여기에 물을 채워. 그럼 잠수함이 무거워져서 쉽게 가라앉

▲ 잠수함은 무게를 조절하여 가라앉거나 떠올라.

을 수 있어. 잠수함이 가라앉았다가 떠오를 때에는 반대로 탱크에 있는 물을 밖으로 내보내지. 그럼 잠수함의 무게가 부력보다 작아져 다시 떠오르게 돼."

"알고 보니 간단하네요!"

핵심정리

물속에서 물체에 작용하는 중력이 부력보다 크면 물체는 가라앉고, 중력이 부력보다 작으면 떠올라.

부력을 크게 하려면?

"무게를 줄이는 대신 부력을 크게 해서 물체를 뜨게 할 수도 있어요?"

나선애가 손을 번쩍 들고 물었다.

"오호! 아주 좋은 질문이야. 먼저 부력의 크기가 어떻게 달라지는지 간단한 실험으로 같이 알아보자! 용수철저울로 추의 무게를 잰 뒤, 추를 물에 조금씩 잠기게 하는 거야. 추가 물에 많이 잠길수록 추의 무게가 어떻게 달라지는지 관찰해 봐."

"추가 물에 많이 잠길수록 무게가 점점 줄어들어요!"

"그래. 추가 물에 잠긴 부분이 클수록 부력이 커진다는 뜻이야. 다시 말해서 부력은 물체가 물속에 잠긴 부분의 부피가 클수록 커져."

"물속에 잠긴 부분이요?"

"비치볼을 눌러서 물에 잠기게 해 본 적 있니? 비치볼을 물에 많이 잠기게 할수록 누르는 데 힘이 많이 들어가. 비치볼이 물에 잠긴 부분의 부피가 커지면서 부력도 함께 커

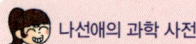

나선애의 과학 사전

부피 물체가 차지하는 공간의 크기를 말해.

▲ 물에 잠긴 부분의 부피와 부력의 관계

물에 많이 잠길수록 부력이 커져.

지기 때문이지."

"어, 저도 수영장에서 해 본 적 있어요! 비치볼을 많이 잠기게 할수록 힘이 더 많이 들더라고요."

왕수재가 공을 누르는 시늉을 하며 말했다.

"그렇지? 비슷한 예로, 튜브를 잡거나 구명조끼를 입고 있으면 물에 잘 뜨지? 튜브나 구명조끼는 안에 공기가 들어 있어서 가벼우면서도 부피가 매우 큰 편이야. 그래서 이런 것들은 물속에 들어가면 부력의 크기가 무게보다 커서 물 위로 금방 떠올라."

"아하! 튜브나 구명조끼는 부력을 크게 받아서 쉽게 물에 뜰 수 있는 거군요?"

"맞아. 또 다른 예를 들어 볼게. 쇠못은 물에 가라앉지만, 쇠로 만든 배는 물에 뜨지? 배는 쇠못보다 훨씬 무거운데도 말이야."

"네! 생각해 보니 신기하네요. 똑같이 쇠로 만들었는데 쇠못은 물에 가라앉고, 배는 물에 뜨잖아요."

"일단 배는 쇠못보다 부피가 아주 커. 그래서 물에 잠겼을 때 작용하는 부력도 아주 크지. 그런데 배의 아랫부분은 텅 비어 있어서, 부피가 큰 것에 비하면 무게가 그리 많이 나가는 게 아니야. 그래서 부력의 크기와 무게가 같게

▲ 부력을 크게 받아서 물에 잘 뜨는 물체들

▲ 배가 물에 뜨는 원리

되어 배가 가라앉지 않고 물 위에 떠 있을 수 있는 거지."

"오호, 그런 원리군요!"

"짐을 가득 실은 화물선이 가라앉지 않는 것도 마찬가지야. 화물선이 무거워서 물에 많이 잠길수록 위로 떠받치는 부력도 함께 커져. 그래서 어느 정도 가라앉다가 무게와 부력의 크기가 같아지면 더는 가라앉지 않게 되지."

"물체가 무겁다고 무조건 가라앉는 건 아니네요!"

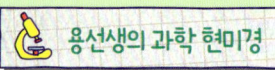
용선생의 과학 현미경

물에 안 뜨는 물체를 물에 띄우는 방법!

고무찰흙 덩어리를 물에 넣으면 가라앉아. 그런데 고무찰흙을 물에 뜨게 하는 방법이 있어. 부력의 원리를 이용해서 말이지. 볼래?
방법은 아주 간단해. 쇠못은 물에 가라앉지만 배는 물에 뜬다는 점을 이용하는 거야. 수조에 물을 어느 정도 채우고, 고무찰흙을 배 모양으로 만들어 물에 띄우는 거지. 그럼 고무찰흙의 무게는 그대로인데 물에 잠긴 고무찰흙의 부피가 커지고, 그만큼 부력을 크게 받게 돼. 그래서 고무찰흙이 물에 뜰 수 있지!

좀 더 자세히 들여다볼까?

▲ 부력이 작아.

▲ 부력이 커.

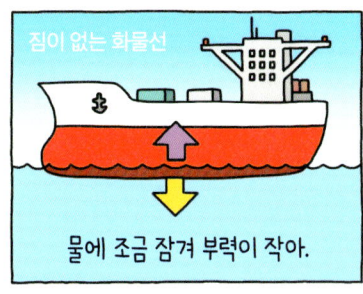
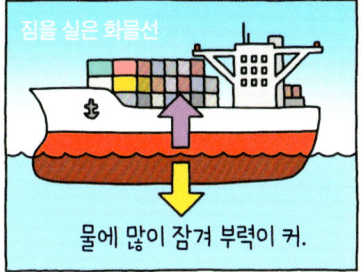

▲ 짐을 실은 화물선은 물에 많이 잠겨 부력이 크게 작용해.

"그렇지!"

"제가 요즘 배에 가스가 많이 차서 배가 부풀어 있는데, 그럼 평소보다 물에 잘 뜨겠네요!"

장하다의 말에 아이들이 키득거리자 용선생이 크게 한 번 헛기침을 하고 말을 이었다.

"어쨌든! 이제 부력에 대해 잘 알겠지? 오늘 수업은 이걸로 끝!"

부력의 크기는 액체나 기체에 잠긴 물체의 부피가 클수록 커져.

나선애의 정리노트

1. 부력
① 액체나 기체가 그 속에 들어 있는 물체를 밀어 올리는 힘
② 항상 ⓐ_____ 로 작용함.
③ 물체가 액체나 기체에 잠긴 부분의 ⓑ_____ 가 클수록 커짐.

2. 중력과 부력
① 중력이 부력보다 크면 물체가 가라앉음.
② 중력이 부력보다 작으면 물체가 떠오름.

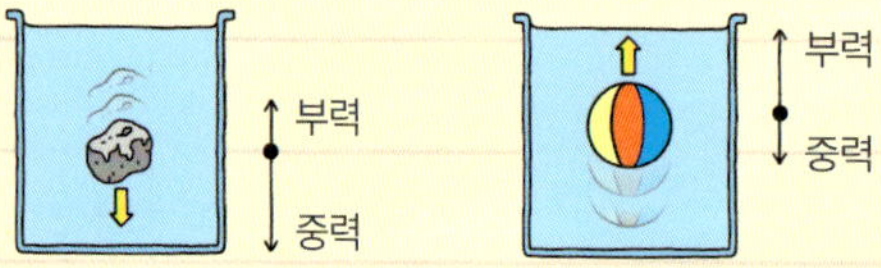

3. 가라앉기 위해 ⓒ_____ 를 크게 하는 예
① 잠수부가 허리에 웨이트 벨트를 착용함.
② 잠수함이 공기 조절 탱크에 물을 채움.

4. 뜨기 위해 ⓓ_____ 을 크게 하는 예
① 물놀이 튜브나 구명조끼를 착용함.
② 배 아래에 빈 공간을 둠.

ⓐ 위 ⓑ 부피 ⓒ 중력 ⓓ 부력

과학퀴즈 달인을 찾아라!

●정답은 123쪽에

01

친구들이 이번 시간에 배운 내용에 대해 이야기하고 있어. 옳으면 O, 옳지 않으면 X를 표시해 줘.

① 부력 때문에 물속에서 몸이 가벼워져. (   )
② 부력은 항상 아래로 작용해. (   )
③ 공이 물에 많이 잠길수록 공에 작용하는 부력이 커져. (   )

02

친구들이 보물 두 개가 들어있는 보물 상자를 찾았어. 힌트를 이용하여 퀴즈를 풀어야만 보물 상자를 열 수 있대. 누가 보물 상자를 여는지 알아맞혀 봐.

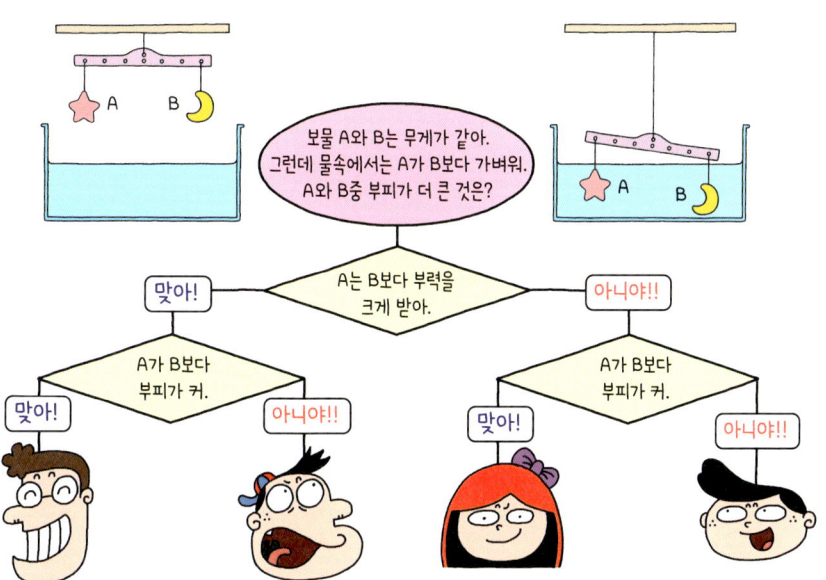

| 용선생의 과학 카페 | 용선생의 한국사 카페 | 용선생의 세계사 카페 | |

https://cafe.naver.com/yongyong

용선생의 과학 카페

과학계의 핵인싸,
용선생의 과학 카페에
오신 걸 환영합니다.

[Log in]

오늘은 어떤 재미난 지식을 올려 볼까?

MENU

물리면 아프다
화학이 화하하
생물 오징어
지구는 둥글다

세상에 이런 곳이!

튜브 없이도 사람이 물 위에 반쯤 앉아 있을 수 있는 곳이 있어. 바로 사해라고 불리는 호수야. 이 호수에서는 다른 곳에서보다 부력이 훨씬 크게 작용해. 그래서 물속에서도 튜브 없이 사람이 편안한 자세를 취할 수 있어. 그런데 사해에서는 왜 부력이 큰 걸까? 부력은 액체나 기체의 종류에 따라 달라지는데, 같은 부피일 때 액체나 기체가 무거울수록 부력이 더 크게 작용해. 공기보다 물에서 부력이 훨씬 큰 것도 이러한 원리야. 같은 부피를 비교했을 때 물은 공기보다 훨씬 무겁거든.

▶ 사해는 이스라엘, 팔레스타인, 요르단 사이에 있는 호수야.

▼ 사해에서는 부력이 더 크게 작용해.

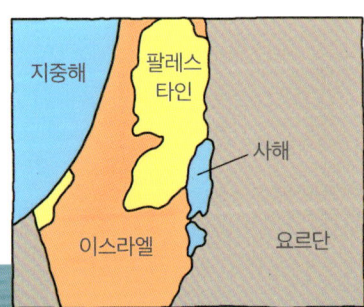

물에 떠서 책도 읽을 수 있지!

같은 액체라도 부피가 같을 때 소금물은 맹물보다 무거워. 그래서 물체가 소금물에 잠겨 있으면 맹물에 잠겨 있을 때보다 부력이 더 크게 작용해. 그래서 맹물에서는 방울토마토가 가라앉지만 소금물에서는 물 위로 떠오르지.

　맹물　　　소금을 조금 녹인 물　　　소금을 많이 녹인 물

▲ 물에 소금을 많이 녹일수록 방울토마토가 더 잘 떠올라.

사해에는 보통의 바다보다 소금이 약 10배 많이 녹아 있어. 그래서 다른 바다나 호수에서보다 부력이 훨씬 크게 작용하지. 사해에서 튜브 없이도 편안한 자세로 뜰 수 있는 까닭, 이제 알겠지?

사해의 물은 엄청 짜겠군!

사해는 바다가 아니라 호수라는 사실!

COMMENTS

- 사해에 가 보고 싶어!
  - 너도 호수 한가운데에 앉아서 책 읽으려고?
  - 책은 무슨? 아이스크림 먹으려고!

장하다의 오답을 피하는 방법
나선애의 야무진 실험실
왕수재의 아는 척 과학교실
허영심의 별 헤는 밤
곽두기의 빅뱅 따라잡기

가로세로 퀴즈

힘에 관한 가로세로 퀴즈야. 빈칸을 채워 봐.
띄어쓰기는 무시해도 돼.

가로 열쇠

① 역도 선수가 마찰력을 크게 하기 위해 역기를 들기 전에 손에 바르는 흰색 가루
② 액체나 기체가 그 속에 들어 있는 물체를 밀어 올리는 힘
③ 탄성력의 크기는 물체가 ○○된 정도가 클수록 커짐.
④ 지구가 물체를 당기는 힘
⑤ 탄성이 좋아 머리끈이나 운동용 밴드로 쓰이는 물질
⑥ 물체의 무게를 재는 데 이용되며, 체중계나 가정용 저울에 들어 있는 탄성체
⑦ 수평을 잡으려면 무거운 물체를 가벼운 물체보다 ○○○으로부터 가까운 거리에 놓아야 함.

세로 열쇠

❶ 힘을 받아 모양이 변한 물체가 원래 모양으로 되돌아가려는 성질
❷ 접촉면에서 물체의 운동을 방해하는 힘
❸ 무게의 단위
❹ 부력의 크기는 액체나 기체에 잠긴 물체의 ○○가 클수록 커짐.
❺ 물체에 작용하는 합력이 0일 때 물체는 힘의 ○○을 이룸.
❻ 중력의 크기
❼ 가라앉을 때는 공기 조절 탱크에 물을 채우고 떠오를 때는 물을 내보내는 배의 한 종류
❽ 힘의 3요소 중 하나로 힘이 작용하는 지점. 힘의 ○○○

●정답은 123쪽에

교과서 속으로

> 교과서에서는 어떻게 배울까?

초등 4학년 1학기 과학 | 물체의 무게

용수철저울로 물체의 무게를 어떻게 측정할까?

- **물체의 무게**
  - 지구가 물체를 끌어당기는 힘의 크기이다.
- **용수철저울**
  - 용수철에 추를 매달면 용수철이 늘어난다.
  - 추의 무게가 무거울수록 용수철이 많이 늘어난다.
    ↳ 용수철의 이러한 성질을 이용해 물체의 무게를 잰다.

 가정용 저울과 체중계도 같은 원리를 이용해!

초등 4학년 1학기 과학 | 물체의 무게

물체의 무게를 비교하려면 어떻게 해야 할까?

- **수평 잡기의 원리**
  - 무게가 같은 물체는 받침점으로부터 같은 거리에 놓는다.
  - 무게가 다른 물체는 무거운 물체를 가벼운 물체보다 받침점에 가까이 놓는다.
- **양팔저울로 여러 가지 물체의 무게 비교하기**
  - 수평 잡기의 원리를 이용한다.
  - 받침점으로부터 같은 거리에 물체를 올려놓고, 어느 쪽으로 기우는지 비교한다.

 수평 잡기의 원리는 시소를 탈 때도 확인할 수 있어!

교과서랑 똑같네!

| 중 1학년 과학 | 여러 가지 힘 |

중력과 탄성력

- **중력**
  - 지구가 물체를 당기는 힘으로, 지구 중심을 향한다.
  - 무게는 중력의 크기로 측정하는 장소에 따라 달라진다.

- **탄성력**
  - 변형된 물체가 원래 모양으로 돌아가려는 힘이다.
  - 물체가 변형된 정도가 클수록 크다.

 고무줄을 당기면 탄성력을 느낄 수 있어!

| 중 1학년 과학 | 여러 가지 힘 |

마찰력과 부력

- **마찰력**
  - 두 물체의 접촉면 사이에서 물체의 운동을 방해하는 힘이다.
  - 물체가 무거울수록, 접촉면이 거칠수록 크다.

- **부력**
  - 액체나 기체가 그 속에 있는 물체를 밀어 올리는 힘이다.
  - 액체나 기체 속에 잠긴 물체의 부피가 클수록 커진다.

 벌써 배운 내용이네! 중학교 과학도 걱정 없어!

찾아보기

뉴턴 16, 46-47
마찰력 85-96, 98-99
만유인력 38
무게 40-44, 51-58, 60, 62-64, 75-80, 85, 90-91, 103-105, 107-109, 111-114
미끄럼 방지 패드 93, 96
반작용 20
받침점 51-58, 60, 64
배 21, 28-29, 111-112, 114
번지점프 34, 71
변형 69-75, 80
부력 104-114, 116-117
부피 110-114, 116
분동 60-63
비례 77
사해 116-117
상호 작용 20-21, 28
수평 잡기 50-51, 53, 56, 58-60, 63-64
아이작 뉴턴 16, 46-47
양팔저울 59-60, 62-64, 79
용수철 13, 69-71, 73, 75-80
용수철저울 78-80, 109
운동 상태 14-16, 26
웨이트 벨트 103, 108, 114
윗접시저울 59-61, 64
작용 20
작용 반작용 법칙 20
작용점 17-18, 26

잠수함 108-109, 114
장대 68-70
접촉(면) 85, 87-88, 90-92, 96
중력 33-44, 46-47, 78, 106-109, 114
지표면 34
질량 41-44, 59-64
(컬링) 스톤 85, 89
탄산 마그네슘 93-95
탄성 70, 72
탄성력 70-76, 78-80
탄성체 70
테플론 89
트램펄린 71, 73
합력 22-26
화물선 112-113
힘의 3요소 17-18, 26
(힘의) 평형 24-26
kg(킬로그램) 42-44
kg중(킬로그램중) 42-44
N(뉴턴) 16, 18, 43-44

퀴즈 정답

1교시

01 ① O ② O ③ X

02

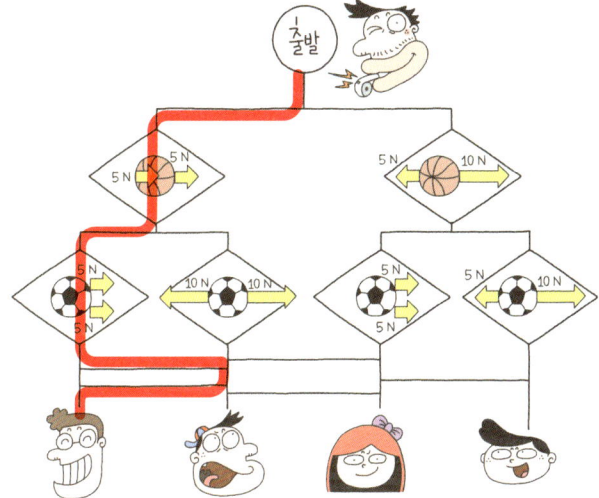

2교시

01 ① O ② O ③ X

02

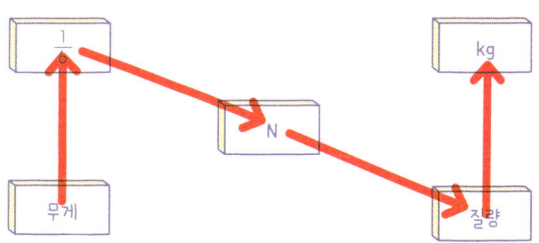

3교시

01 ① O ② X ③ O

02

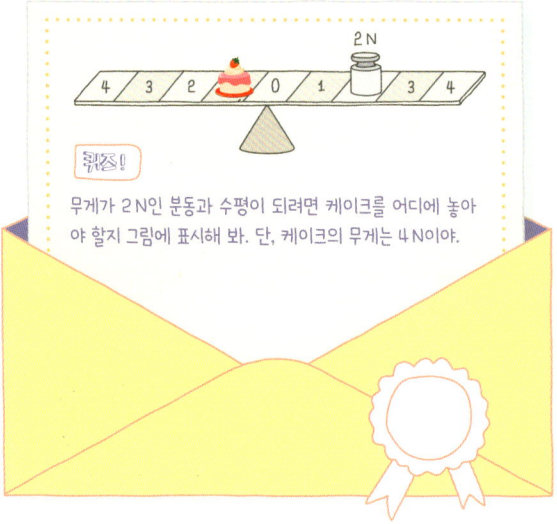

무게가 2 N인 분동과 수평이 되려면 케이크를 어디에 놓아야 할지 그림에 표시해 봐. 단, 케이크의 무게는 4 N이야.

4교시

01 ① X ② O ③ X

02

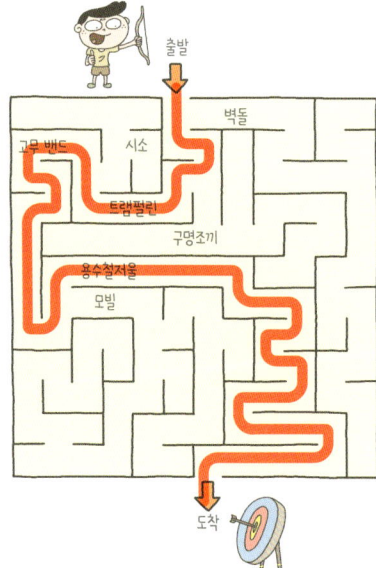

5교시

01 ① X ② O ③ O

02

6교시

01 ① O ② X ③ O

02

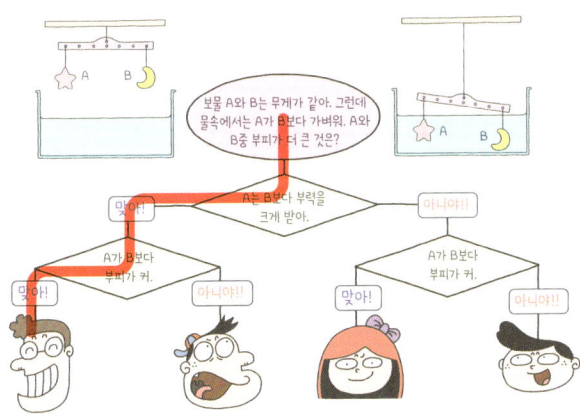

가로세로 퀴즈

			①❶탄	산	❷마	그	네	슘
❸킬			성		찰			
로					력		②❹부	력
그							피		❺평
램							③변	형
④중	력				⑤고	❻무		
						게		
		❼잠						❽작
	⑥용	수	철					용
		함				⑦받	침	점

일러두기
- 맞춤법과 띄어쓰기는 국립국어원에서 펴낸 《표준국어대사전》을 따랐습니다.
- 과학 용어 표기는 《2015 개정 교육과정에 따른 교과용도서 개발을 위한 편수자료Ⅲ 기초과학, 정보 편》을 따랐습니다.
- 이 책에 실린 사진은 저작권자로부터 사용 허가를 받았습니다. 저작권자와 접촉하기 위해 최선을 다했으나 불가피한 사정으로 사용 허가를 받지 못한 일부 사진에 대해서는 저작권자와 연락이 닿는 대로 게재 허락을 받고 사용료를 지불하겠습니다.
- 이 책에 실린 그림의 저작권은 별도의 표기가 없는 한 사회평론에 있습니다.

사진 제공
13쪽: Aflo, Score by Aflo(Photononstop) | 29쪽: Andrey Nekrasov(Alamy Stock Photo) | 46쪽: Barrington Bramleg(퍼블릭도메인), Zhaladshar(퍼블릭도메인) | 53쪽: 북앤포토 | 59쪽: 북앤포토 | 60쪽: 북앤포토 | 61쪽: 북앤포토 | 66-67쪽: Mariano Garcia(Alamy Stock Photo) | 69쪽: maridav(123rf.com) | 71쪽: 북앤포토 | 72쪽: Image Source Plus(Alamy Stock Photo) | 78쪽: 북앤포토 | 82-83쪽: dpa picture alliance(Alamy Stock Photo) | 89쪽: Voyager(wikimedia commons_CC 3.0) | 94쪽: UPI(Alamy Stock Photo) | 112쪽: 북앤포토 | 117쪽: 북앤포토 | 그 외: 셔터스톡

용선생의 시끌벅적 과학교실 | 힘

1판 1쇄 발행	2019년 12월 20일
1판 8쇄 발행	2025년 2월 3일
글	이명화, 김형진, 설정민, 이현진
그림	김인하, 뭉선생, 윤효식
감수	강남화
캐릭터	이우일
어린이사업본부	이승필
책임편집	이건혁
편집	정세민, 이명화, 홍지예, 김미화, 최예리, 윤성진
마케팅	윤영채, 정하연, 안은지, 박찬수
경영지원본부	나연희, 주광근, 오민정, 정민희, 김수아, 김승현
아트디렉터	강찬규
디자인	가필드
사진	북앤포토
펴낸이	윤철호
펴낸곳	(주)사회평론
전화	02-326-1182
팩스	02-326-1626
주소	03993 서울시 마포구 월드컵북로6길 56 사평빌딩
출판등록	1993년 10월 6일 제 10-876호

© 사회평론, 2019

ISBN 979-11-6273-075-1 73400

- 이 책 내용의 일부나 전부를 다시 사용하려면 저작권자와 사회평론의 동의를 받아야 합니다.
- 잘못 만들어진 책은 바꾸어 드립니다.

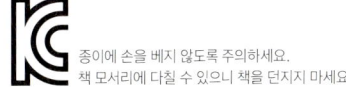

종이에 손을 베지 않도록 주의하세요.
책 모서리에 다칠 수 있으니 책을 던지지 마세요.